文部科学省後援
実用フランス語技能検定試験

2016年度版 2級
仏検公式ガイドブック
傾向と対策＋実施問題

フランス語教育振興協会編

公益財団法人　フランス語教育振興協会

まえがき

　グローバル化の 21 世紀といわれますが、世界から孤立せず、世界と対話し、平和で豊かな未来を切り拓くためには、今こそ多くの日本人がさまざまな外国語をマスターしていくことが大切です。多言語・多文化の世界でお互いを尊重しながら共生を目指すことが要請される現代において、英語一辺倒の方針では限界があるのは明らかでしょう。

　その中でもフランス語は、フランスだけでなく、多数の国々や地域で話され、また、国連をはじめとする国際機関で使われている重要な公用語のひとつです。さらに、フランス語は、人類にとって普遍的な価値や独創的な文化を担ってきた言語でもあります。2020 年には東京でオリンピック・パラリンピックが開催されますが、フランス語は第一公用語です。開会式では、開催国の言語のほか英語とフランス語で出場国が紹介されますが、その際、最初に流れるのはフランス語なのです。また東京オリンピックには、フランス語圏から多くの選手や関係者それに観光客が訪れることになります。これを機会にフランス語を勉強し、フランス語でコミュニケーションを試みてみましょう。かならずや多くの貴重な体験が得られるはずです。

　今日、フランスの企業が次々に日本に進出してくる一方、日本の企業もフランス語圏に広く展開しています。トヨタやユニクロ、無印良品のフランス進出、日産とルノーの提携などはその典型的な例です。いまや英語はあたりまえとされるビジネスの世界で、さらにフランス語も使いこなせるとなれば、チャンスがさらに広がることはまちがいないでしょう。フランス語をマスターしてアフリカ諸国で国際協力、援助活動に従事している人々も少なくありません。また、フランス語を学び使いこなせるようになることは、自分の人生をより豊かに生きる道につながっています。

　日本の学習者を対象とし、文部科学省とフランス大使館文化部の後援を受けて、1981 年以来実施されている「仏検」は、フランス語を聞き・話し・読み・書く能力をバランスよく客観的に評価する検定試験として、ますます高い評価を受けています。1 級・準 1 級・2 級・準 2 級・3 級・4 級・5 級の 7 段階を合わせて毎年約 3 万人が受験しています。また、大学の単位認定や編入学試験、大学院入試等に利用されるケースも多くなっています（多数の学生が受験している学校のリストが巻末にありますので、ご参照くださ

い）。

　本書は、2級の傾向と対策を解説した第1部と、2015年度春季・秋季に実施した仏検の問題、およびそれにくわしくていねいな解説・解答を付した第2部とから成る公式ガイドブックです。書き取り・聞き取り試験の CD が付いています。本書をフランス語の実力アップと仏検合格のために、どうぞご活用ください。

　なお、本書全体の監修ならびに第1部の執筆および第2部秋季の解説は松村剛が担当し、第2部春季の解説は須藤佳子が執筆しています。

　2016 年 3 月

公益財団法人　フランス語教育振興協会

目　　次

まえがき ……………………………………………………………… 3
実用フランス語技能検定試験　実施要領 ………………………… 6
2015 年度仏検受験状況 ……………………………………………… 8
2 級の内容と程度 …………………………………………………… 9
解答用紙（雛形）…………………………………………………… 10

第 1 部　2 級の傾向と対策………………………………………… 13
　　　［Ⅰ］1 次試験の傾向と対策 ……………………………… 14
　　　［Ⅱ］2 次試験の傾向と対策 ……………………………… 115

第 2 部　2015 年度　問題と解説・解答 ………………………… 123
　　　2015 年度　春季出題内容のあらまし ……………………124
　　　　1 次試験　筆記試験　書き取り・聞き取り試験 ………125
　　　　2 次試験　面接 ……………………………………………140
　　　　総評 …………………………………………………………141
　　　　解説・解答 …………………………………………………144
　　　2015 年度　秋季出題内容のあらまし ……………………168
　　　　1 次試験　筆記試験　書き取り・聞き取り試験 ………169
　　　　2 次試験　面接 ……………………………………………184
　　　　総評 …………………………………………………………185
　　　　解説・解答 …………………………………………………186

学校別受験者数一覧 ………………………………………………… 212

実用フランス語技能検定試験　実施要領

　実用フランス語技能検定試験（仏検）は、年2回、春季（1次試験6月・2次試験7月）と秋季（1次試験11月・2次試験1月）に実施しております。ただし、1級は春季のみ、準1級は秋季のみの実施です。

　2次試験は1級・準1級・2級・準2級の1次試験合格者が対象です。なお、隣り合う2つの級まで併願が可能です。

　また、出願の受付期間は、通常、春季は4月から5月中旬、秋季は9月から10月中旬です。

◆各級の内容

1級（春季のみ）
- 《1次》筆記試験（記述式・客観形式併用）120分
  書き取り・聞き取り試験　約40分
- 《2次》面接試験　約9分

準1級（秋季のみ）
- 《1次》筆記試験（記述式・客観形式併用）100分
  書き取り・聞き取り試験　約35分
- 《2次》面接試験　約7分

2級
- 《1次》筆記試験（記述式・客観形式併用）90分
  書き取り・聞き取り試験　約35分
- 《2次》面接試験　約5分

準2級
- 《1次》筆記試験（記述式・客観形式併用）75分
  書き取り・聞き取り試験　約25分
- 《2次》面接試験　約5分

3級
- 筆記試験（客観形式・記述式）60分
- 聞き取り試験　約15分

4級
- 筆記試験（客観形式）45分
- 聞き取り試験　約15分

5級
- 筆記試験（客観形式）30分
- 聞き取り試験　約15分

◆受験地（2015年度秋季）

1次試験　札幌、弘前、盛岡、仙台、秋田、福島、水戸、宇都宮、群馬、草加、千葉、東京、横浜、新潟、金沢、甲府、松本、岐阜、静岡、三島、名古屋、京都、大阪、西宮、奈良、鳥取、松江、

	岡山、広島、高松、松山、福岡、長崎、熊本、別府、宮崎、鹿児島、西原町（沖縄県）、パリ
2 次試験	札幌、盛岡、仙台、群馬、東京、新潟、金沢、静岡、名古屋、京都、大阪、松江、岡山、広島、高松、福岡、長崎、熊本、西原町、パリ

＊上記の受験地は、季ごとに変更となる可能性があります。また、会場によって実施される級がことなる場合がありますので、くわしくは、最新の仏検受験要項・願書または APEF のホームページをご覧ください。

＊最終的な受験地・試験会場の詳細は、受験票の記載をご確認ください。

◆出願方法　下記の 2 つの方法からお選びください
1．インターネット申込：詳細は APEF のホームページをご覧ください。
2．郵送申込：受験要項・願書を入手→検定料納入→願書提出、の順でお手続きください。
　　＊全国の仏検特約書店・大学生協では願書・要項を配布、あわせて検定料の納入を受けつけております。
　　＊願書・要項は仏検事務局へ電話・E-mail 等で請求なさるか、APEF ホームページよりダウンロードして入手なさってください。

◆合否の判定とその通知

　級によりことなりますが、60〜70％の得点率を目安に出題するように努めています。各級の合格基準は、審査委員会がさまざまな条件を総合的に判断して決定しています。

　結果通知には合否のほか、合格基準点、合格率とご本人の得点が記載されます。

◆お問い合わせ先

公益財団法人　フランス語教育振興協会　仏検事務局

〒102-0073　東京都千代田区九段北 1-8-1　九段 101 ビル
（TEL）03-3230-1603　（FAX）03-3239-3157
（E-mail）dapf@apefdapf.org
（URL）http://www.apefdapf.org

2015 年度仏検受験状況

級（季）	出願者数	1 次 試 験			1 次試験免除者数	2 次 試 験		
		受験者数	合格者数	合格率		受験者数	合格者数	最終合格率
1級	752 名	675 名	85 名	12.6%	8 名	93 名	77 名	11.3%
準1級	1,517 名	1,259 名	320 名	25.4%	63 名	361 名	287 名	22.1%
2級（春）	1,879 名	1,612 名	575 名	35.7%	88 名	630 名	548 名	32.9%
（秋）	2,001 名	1,732 名	618 名	35.7%	60 名	646 名	548 名	31.1%
準2級（春）	2,027 名	1,697 名	1,031 名	60.8%	120 名	1,106 名	949 名	53.6%
（秋）	2,218 名	1,877 名	1,173 名	62.5%	98 名	1,205 名	1,039 名	54.4%
3級（春）	3,105 名	2,756 名	1,816 名	65.9%				
（秋）	3,347 名	2,928 名	1,750 名	59.8%				
4級（春）	2,367 名	2,113 名	1,441 名	68.2%				
（秋）	3,373 名	3,052 名	2,216 名	72.6%				
5級（春）	1,704 名	1,504 名	1,271 名	84.5%				
（秋）	2,623 名	2,425 名	2,144 名	88.4%				

＊1 級は春季のみ、準 1 級は秋季のみ

2級の内容と程度

程　度
　日常生活や社会生活を営むうえで必要なフランス語を理解し、一般的なフランス語を読み、書き、聞き、話すことができる。

標準学習時間：400 時間以上

試験内容

読　む	一般的な事がらについての文章を読み、その内容を理解できる。
書　く	一般的な事がらについて、伝えたい内容を基本的なフランス語で書き表わすことができる。
聞　く	一般的な事がらに関する文章を聞いて、その内容を理解できる。
話　す	日常生活のさまざまな話題について、基本的な会話ができる。
文法知識	前置詞や動詞の選択・活用などについて、やや高度な文法知識が要求される。

語彙：約 3,000 語

試験形式

1 次試験（100 点）

筆　記	問題数 7 問、配点 68 点。試験時間 90 分。マークシート方式、一部記述式。
書き取り	問題数 1 題、配点 14 点。試験時間（下記聞き取りと合わせて）約 35 分。
聞き取り	問題数 2 問、配点 18 点。語記入、マークシート方式。

2 次試験（30 点）

個人面接試験	日常生活に関する質問に対して、自分の伝えたいことを述べ、相手と対話をおこなう。 試験時間約 5 分。

解答用紙（雛型）（40％縮小）

2015年度 秋季 実用フランス語技能検定試験（2級）筆記試験 解答用紙

2015年度　秋季　実用フランス語技能検定試験（2級）書き取り・聞き取り試験　解答用紙

第1部
2級の傾向と対策

2016 年度版 2 級仏検公式ガイドブック

［I］1 次試験の傾向と対策

　2 級は、準 2 級とくらべた場合、要求される程度が次のようにアップしています。準 2 級においては「日常生活における平易なフランス語」を「読み、書き、聞き、話す」ことが求められているのに対し、2 級では「日常生活や社会生活を営むうえで必要なフランス語」の理解、すなわち「一般的なフランス語」を「読み、書き、聞き、話す」ことが必要とされています。準 1 級のように「多様なフランス語」が求められてはいませんが、単なる日常生活のレベルは超えており、より高度な「一般的なフランス語」の運用能力が必須とされていることに注意してください。

　標準学習時間は 400 時間ですから、4 年制大学のフランス語・フランス文学専攻課程の 4 年生程度が目安といえるでしょう。必要な語彙数は約 3000 語で、これは『ラルースやさしい仏仏辞典 Niveau 1』（駿河台出版社）に収められている単語や表現を身につけていることにおよそ対応すると考えてよいでしょう。「単語や表現を身につける」とは、単にフランス語から日本語に、あるいは日本語からフランス語に個々の単語や表現を訳せることを意味するのではありません。それらの単語や表現を使ってきちんとした文を作ることができなくてはいけません。その場合、冠詞をどう使うか、前置詞としては何が適切か、組み合わせる単語はどれが自然かといった多様な問題が出てくることは 2 級のレベルでは当然わかるでしょう。さらに、名詞を動詞にしたらどうなるか、形容詞や動詞から名詞を作る場合にはどういう文ができるか、フランス語のなかで似たような言い方としてどういうものがあるか、それらの使い方の相違点はどこにあるか、あるいは逆に反意語としては何があるか、といった連想をどれだけ伸ばしていけるかというのも重要な点です。そういった意味での運用能力が求められている以上、仏和辞典と和仏辞典だけに頼る習慣はやめ、仏仏辞典を日ごろからよく読むことをおすすめします。本書でも『ラルースやさしい仏仏辞典 Niveau 1』を 解　説 で引用していきますから、これをきっかけにこの辞書に慣れ親しむとよいでしょう。たくさんの例文と説明をとおして基本的な語彙を確実に身につけていくと、きちんとしたフランス語を使う喜びがいっそう増すにちがいありません。

　『公式ガイドブック』には「過去問しか載っていないから対策にならない」

[I] 1次試験の傾向と対策

と思っている人がときどきいますが、過去の問題に取り組みつつ 解説 を熟読し、『ラルースやさしい仏仏辞典 Niveau 1』の該当箇所その他をよく読んで理解し、基本的な語彙を身につけていくことこそ最良の対策になるということは経験者が語るところです。問題を解くだけでなく 解説 もたんねんに読めば、今後の出題へのヒントがそこには多く隠されていると考えるべきでしょう。

　もちろん、その他の手段でもフランス語になるべく多く接するように努めるべきであることは言うまでもないでしょう。現在では従来の紙媒体の新聞や週刊誌以外にも、インターネットを通じてさまざまな種類の情報を手に入れることが可能になっています。文字だけでなく画像や音声によって受け取ることもできます。ですから、そういった手段を積極的に活用し、生きたフランス語一般に多くふれるとよいでしょう。

　2級では準2級にくらべて記述式の問題がふえています。受験するときには記述式の問題を念入りに解くとよいでしょう。選択式は多少不明なところがあっても推測できる場合がありますが、記述式の場合には正確なつづりを書かなくてはいけないわけですから、ふだん以上にこまかいところまで注意して解答してください。基本的な事項ですが、文頭は **大文字** で始める、**アクサン** は明確に書く（傾斜の向きがあいまいにならないようにする、アクサン・シルコンフレックスをはっきり屋根型にする）といった点もおろそかにしないでください。筆記試験の90分をどう配分するかは各自の得意分野によってちがうでしょうが、選択式を早めに（もちろんあわてることなく）すませ、残った時間を記述式にあてて念入りに答えるというのはひとつの有効な方法だと言えるでしょう。書き取りと聞き取りにおいてもフランス語を注意して書くことを忘れないでください。

　以下、1次試験の各問題について、その傾向と対策を過去の問題を取り上げながら解説していきます。

筆 記 試 験

1 　4つの問題文の空欄に、提示されている8つの前置詞のなかから適切なものを選んで入れる問題です。解答用紙の該当箇所の正しい番号を塗りつぶします。配点4。

　この問題は、いつも得点率が意外に低いのが特徴です（10-14 年度の平均は 39％です）。この問題について、「重箱の隅を楊枝でほじくるようなこまかい問題」と言う人がいますが、とんでもありません。前置詞の正確な使い方を知らなければ、正確なコミュニケーションをすることはできません。この前置詞問題で得点が低い人は、じつは、ほかの問題もよくできていないことが多いのです。前置詞は、1 級や準 1 級のようなレベルの高い級でも、よく使われるふつうのものしか出題されません。ましてや 2 級で出題されるのは、ごくふつうに使われる用法ばかりです。ちなみに 10-14 年度に出題された前置詞は à、après、avec、dans、de、dès、en、entre、malgré、par、pour、sans、selon、sous、sur、vers です。

　さて、前置詞の役割は補語 complément をみちびくことで、おもに次の3 つの型があります。
(1) **名詞の補語**：「私の父の車」を意味する la voiture de mon père では、所有・帰属関係を示す前置詞 de が la voiture の補語 mon père をみちびいています。
(2) **形容詞の補語**：「彼はだれに対しても親切だ」という意味の文 Il est gentil avec tout le monde. では、相手・対象を示す前置詞 avec が gentil の補語 tout le monde をみちびいています。
(3) **動詞の補語**：「彼女はフランスに出発した」という意味の文 Elle est partie pour la France. では、目的関係を示す前置詞 pour が la France とともに副詞句をなし、動詞 est partie の状況補語になっています。

　それぞれ、どの前置詞を使うかは組み合わせる名詞・形容詞・動詞などによってことなります。前置詞は文のなかで語（あるいは語句）と語（あるいは語句）の関係を示す重要な役割を担っていますから、どういう組み合わせで使われるか、ふだんから意識的に覚えるようにしましょう。以下の解説でも述べますが『ラルースやさしい仏仏辞典 Niveau 1』を日ごろ

からよく読んで、そこにあげられている例文だけでなく、意味の説明、派生語を使った言いかえなどにも注目しておくことをおすすめします。

　前置詞問題が、話す能力、書く能力、さらには読む能力を客観的に測定するのにきわめて適切な問題であることがわかったでしょうか。

　以下で実際に出された問題をひきますから、試験のつもりで解いてみてください。そのあとで 解　説 と 解　答 を参考にしてください。

練習問題 1

次の(1)〜(4)の（　　）内に入れるのにもっとも適切なものを、下の①〜⑧のなかから1つずつ選び、解答欄のその番号にマークしてください。ただし、同じものを複数回用いることはできません。（配点 4）

(1) Cet accident a eu (　　　) résultat la mort de trois soldats.

(2) Elle change de parfum (　　　) le temps et la saison.

(3) Il est (　　　) cours de français.

(4) Marc est allé (　　　) la rencontre de sa mère.

① à　　② dans　　③ devant　　④ en
⑤ entre　⑥ pour　　⑦ selon　　⑧ vers

(12 秋)

解説　設問の順に見ていきましょう。

(1)「この事故の結果、3名の兵士が死亡した」という内容の文で、pour が空欄に入ります。A a pour résultat + B は「A は結果として B を引き起こす」といった意味で使われる表現です。résultat の位置には、意味によってほかにもさまざまな無冠詞名詞（but、objectif、principe、etc.）が入ることがあります。

『ラルースやさしい仏仏辞典 Niveau 1』の pour の項ではこの表現の例として « Il a pour principe de toujours parler en dernier. » という文をあげています。この項目は長いですが、熟読し、さまざまな用法を再確認しておくとよいでしょう。

(2)「彼女は天気と季節に応じて香水を変える」という意味の文で、空欄には selon が入ります。

[I] １次試験の傾向と対策　筆記試験 ①

　『ラルースやさしい仏仏辞典 Niveau 1』の selon の項をひくと、ふたつの意味に分けられています。それぞれの例文（« Pierre change très souvent d'avis selon les circonstances. » « Selon moi, tu te trompes complètement. » など）を読むだけでなく、同義語として何があげられているかにも注目しておきましょう。

　この設問で使われている changer de ＋無冠詞名詞は、「同種の別のものに移行する」ときに使われるもので、前述の例文にある changer d'avis に代表される用法です。『ラルースやさしい仏仏辞典 Niveau 1』の changer の項ではほかにも changer qqch (concret)、changer qqch (abstrait) などが取り上げられていますから、この機会によく読んでみることをおすすめします。

　(3)「彼はフランス語の授業を受けている」という意味の文で、空欄には en が入ります。

　この文で使われている cours は「講義、授業」という意味の名詞で、うしろに科目名を置く場合には cours de ＋無冠詞名詞になることも確認しておくとよいでしょう。『ラルースやさしい仏仏辞典 Niveau 1』の cours の項には « Pour gagner sa vie, il donne des cours de mathématiques. » という例文が載っています。ほかに前置詞句 au cours de qqch という用法もありますが、その使い方は身についているでしょうか。

　(4)「Marc は母親を出迎えにいった」という意味の文で、à la rencontre de qqn という前置詞句のなかの前置詞 à が問われています。

　『ラルースやさしい仏仏辞典 Niveau 1』の rencontre の項では、この表現は aller à la rencontre de qqn の形で取り上げられ、同義表現として aller au-devant de qqn, aller rejoindre qqn があると解説され、例文としては « Je sors, je vais à la rencontre de papa. » が載っています。ほかにも « Ne sors pas seule la nuit, tu pourrais faire une mauvaise rencontre. » のような例文がありますから、自分でこの名詞を使って正しい文が作れるかどうか、どういう動詞とともに使われるか、冠詞は何が必要かなどに注意しつつ確認してみましょう。

解　答　(1) ⑥　　(2) ⑦　　(3) ④　　(4) ①

練習問題 2

次の (1) 〜 (4) の (　　) 内に入れるのにもっとも適切なものを、下の ① 〜 ⑧ のなかから 1 つずつ選び、解答欄のその番号にマークしてください。ただし、同じものを複数回用いることはできません。（配点 4 ）

(1)　J'aimerais bien lui parler seul (　　　　) seul.

(2)　La lettre qu'elle a écrite est (　　　　) enveloppe.

(3)　On le confond souvent (　　　　) son frère.

(4)　Regarde les deux petites filles (　　　　) rouge là-bas.

　　① à　　② après　　③ avec　　④ de
　　⑤ en　　⑥ par　　⑦ sous　　⑧ vers

(13 秋)

解　説　設問の順に見ていきましょう。
　(1)「ぼくは彼とふたりだけで話したい」という内容の文で、à が空欄に入ります。ここで問われている seul à seul は「1 対 1 で」、「差し向かいで」という意味の表現です。この表現においては形容詞 seul は対応する名詞の性と一致する傾向が強いため、「ぼくは彼女とふたりだけで話したい」という内容の文であれば J'aimerais bien lui parler seul à seule. となります。
　(2)「彼女が書いた手紙は封筒に入っている」という内容の文で、sous が空欄に入ります。出題時には en を選んだ受験者が 3 割いましたが、「封筒のなかに」という日本語にあたるフランス語は sous enveloppe です。「手紙を封筒に入れる」と言いたければ mettre une lettre sous enveloppe とします。名詞と前置詞の結びつきは日本語からの類推で解決できない場合がよくありますから、日ごろから注意しておくとよいでしょう。
　(3)「彼はよく兄（あるいは弟）とまちがえられる」という内容の文で、

confondre A avec B という構文が使われています。

　『ラルースやさしい仏仏辞典 Niveau 1』の confondre の項をひくと、confondre (qqn, qqch avec *ou* et qqn, qqch) が太字で印刷されています。つまり avec または et を使うということですから、そこにあげられている例文（« Pourquoi confonds-tu toujours Jeanne et Marie, elles ne se ressemblent pas ! » « Ça y est, je me suis encore trompé, j'ai confondu le sucre avec le sel ! » など）をよく読んでみましょう。さらに、同義語と反意語としてどのような単語があり、それらの用法としてどういう点に注目したらよいと説明されているか、わかりますか。

　(4)「あそこにいる、赤い服を着たふたりの女の子を見て」という意味の文で、空欄には en が入ります。en rouge は「赤い色をした」という意味だけでなく、「赤い服を着た」という意味にもなります。

　『ラルースやさしい仏仏辞典 Niveau 1』の en の項をひいてみましょう。« Aline s'habille toujours en blanc. » という例文がどこに載っているかわかりますか。5つに分類されている用法が身についているか、例文と説明を熟読して確認してみることをおすすめします。

|解　答|　(1) ①　　(2) ⑦　　(3) ③　　(4) ⑤

練習問題 3

次の (1) 〜 (4) の (　　　) 内に入れるのにもっとも適切なものを、下の ① 〜 ⑧ のなかから 1 つずつ選び、解答欄のその番号にマークしてください。ただし、同じものを複数回用いることはできません。なお、① 〜 ⑧ では、文頭にくるものも小文字にしてあります。(配点 4)

(1) Alors, son regard s'est dirigé (　　　) ma femme.

(2) C'est (　　　) l'accord de son médecin qu'il est parti en voyage.

(3) Qu'est-ce qui t'arrive ? Tu fais une drôle (　　　) tête...

(4) (　　　) part ça, je n'ai plus rien à vous dire.

　　① à　　　② avec　　　③ de　　　④ depuis
　　⑤ en　　　⑥ pendant　　⑦ pour　　⑧ vers

(14 秋)

解　説　設問の順に見ていきましょう。

(1)「そのとき、彼（または彼女）は私の妻のほうを見た」という内容の文で、vers が空欄に入ります。「〜に向かう、進む」という意味の se diriger vers が問われています。

『ラルースやさしい仏仏辞典 Niveau 1』の diriger の項には、この用法の例として « Lorsque je suis entrée dans la pièce, tous les regards se sont dirigés vers moi. » などが載っています。このような動詞を覚える際に、どういう前置詞と組み合わせて使われることが多いのか確認する習慣をつけて

おくとよいでしょう。

　(2)「医者の承諾をえたうえで彼は旅行に出かけた」という内容の文で、avec が空欄に入ります。反対の意味では sans l'accord de qqn「～の同意、承諾なしに」が使えます。

　『ラルースやさしい仏仏辞典 Niveau 1』の avec の項を読み、この前置詞のさまざまな用法を再確認し、どのような同義表現があげられているか読んでみましょう。

　(3)「どうしたの？　変な顔をして…」という内容の文で、de が空欄に入ります。この問題では un, une drôle de ＋無冠詞名詞「変わった～、大変な～」という表現が問われています。あとにくる名詞の性に合わせて un または une を使います（複数なら de drôles de ＋無冠詞名詞）。

　『ラルースやさしい仏仏辞典 Niveau 1』の drôle の項には、この表現の例文がいくつも載っています（« Vous ne trouvez pas qu'il y a une drôle d'odeur, ici ? » « Depuis un an, tu as fait de drôles de progrès. » など）。小さな活字の解説も熟読し、同義語として何があげられているか、書きかえるとどうなるかなど理解しておくと自分で使う際におおいに参考になります。

　(4)「それを除けば、あなたに言うことはもう何もありません」という内容の文で、空欄には À が入ります。à part ~ は「～を除いて、～は別として」という意味の前置詞句です。

　『ラルースやさしい仏仏辞典 Niveau 1』の part の項をひいてみましょう。à part だけでなく、さまざまな表現があげられているのがわかるでしょう（prendre part à qqch、faire part de qqch à qn、quelque part など）。いずれもよく使われるものですので、例文と解説をよく読んで身につけておくとよいでしょう。

[解答] (1) ⑧　　(2) ②　　(3) ③　　(4) ①

2 フランス語の文が5つ提示されています。それぞれに1つずつ空欄があります。フランス語文の下に提示されている日本語文が表わす意味になるように、適切なフランス語を1語、空欄に書き入れる問題です。配点10。

記述式の問題であるため、例年得点率はあまり高くありません。10-14年度の平均は18％でした。

ここで問われるのはフランス語の語彙・表現の知識です。提示されている日本語文は、その各語がフランス語文の各語に対応するような文ではないのがふつうです。フランス語を完成するためのヒントと考えるべきです。日本語が言っている内容をフランス語で言うとしたらどんな文になるかの知識が問われているのです。話す力、書く力がためされているとも言えるでしょう。

過去の問題から例を1つあげてみましょう。

　　　J'ai beaucoup entendu (　　　) de vous.
　　　　おうわさは、かねがねうかがっています。

空欄に何が入るかわかりましたか。正解は parler です。得点率は28％でした。日本語文とフランス語文は、字面はかけ離れていますが同じことを言っています。もし J'ai beaucoup entendu parler de vous. という文を見たり聞いたりすれば、意味のわからない人は2級の受験者にはいないはずです。ただし、意味はわかっても、これを「（人が）あなたについて話すのをたくさん聞きました」と訳したのでは日本語とは言えません。また、「おうわさは、かねがねうかがっています」といつでも訳せばよいともかぎりません。状況によっては「あなたの話はいろいろ聞いていますよ」という感じがふさわしい場合もあるでしょう。大切なのは、「あなたの話はいろいろ聞いていますよ」や「おうわさは、かねがねうかがっています」と言える状況では、フランス語では J'ai beaucoup entendu parler de vous. と言う、ということを知っていることです。フランス語を読んだり聞いたり話したりするときに、いちいち日本語に結びつけずに、フランス語だけの枠組みのなかで考えるのが上達の秘訣です。

この問題への対策は、新しく学んだ語句や表現を組み込んだ文をなるべく多く覚えていくことでしょう。『ラルースやさしい仏仏辞典 Niveau 1』の例文や解説はそのためにおおいに役立ってくれます。うろ覚えでは正解に到達できませんから、何度も手で書いたり発音したりして練習すること

も忘れずにしてください。また、出される問題は会話のなかでよく使われる話しことばであることが多いので、過去に出された問題を覚えていくことで会話力も増進します。その場合、使い方を簡単な例文と合わせてよく理解し、誤解のないように注意しましょう。

　以下にあげる問題を解いて、実際にどういう単語や表現が問われているのかを見てください。解　説も参考になるでしょう。

練習問題 1

次のフランス語の文(1)〜(5)が、それぞれあたえられた日本語の文が表わす意味になるように、（　）内に入れるのにもっとも適切な語（各1語）を解答欄に書いてください。（配点10）

(1) De nos (　　　　), il existe encore des maladies qui ne peuvent pas être guéries.
　　いまでも、まだ不治の病が存在する。　　　　　　　　　　（11春）

(2) Je voudrais (　　　　) ma réservation.
　　予約をキャンセルしたいのですが。　　　　　　　　　　　（14春）

(3) Marc, c'est un (　　　　) élève de ce collège.
　　マルクはこの中学の卒業生だ。　　　　　　　　　　　　　（14秋）

(4) Oh, (　　　　) de neuf, on s'ennuie.
　　ああ、最近変わったことがなくて、退屈だね。　　　　　　（13秋）

(5) Que (　　　　)-tu que je fasse ?
　　どうしろって言うんだい？　　　　　　　　　　　　　　　（10春）

解説　この問題では、語と語の関係ではなく、表現のレベルでの対応が求められています。ですから、日本語からの逐語訳的な発想ではなかなか正解にいたることができません。実際にどういう場面で使われるのか、具体的な状況を想像しながら自分のもっている語彙のなかから対応するものをさがしてみましょう。フランス語に固有の言い方にふだんから注目しておくとよいでしょう。この 練習問題1 で取り上げた設問は出題時に得点率が35〜45％だったものですから、さほど苦労なく正解が出せるはずです。以下、設問順に見ていきましょう。

　(1) フランス語の文の冒頭にある De nos (　　) が日本語の「いまでも」に対応するとわかれば、de nos jours という副詞句を思い出すことができるでしょう。出題時には *époques*, *temps* などの誤答が見られました。

　jour という名詞自体はだれでも知っているのであえて辞書をひく必要を感じないかもしれませんが、『ラルースやさしい仏仏辞典 Niveau 1』の jour の

項を参照してみましょう。そうすれば、そこに de nos jours の例文として《 De nos jours, il y a encore des gens qui ne savent ni lire ni écrire. 》があがっていることがわかるでしょうし、この副詞句の同義表現として à notre époque、actuellement、aujourd'hui が載っていることも見てとれるでしょう。époque を使う場合には単数で、前置詞は de ではなく à であることも把握しながら語彙をふやしていくとよいでしょう。

　(2)「キャンセルする」を「取り消す、無効にする」と言いかえれば annuler を思い出すことができるでしょう。出題時には *quitter*、*arrêter* といった誤答が見られました。大切なのは、réservation「予約」をするという場面で用いられる基本的な表現がきちんと身についているかどうかという点にあります。

　この機会に『ラルースやさしい仏仏辞典 Niveau 1』の réserver の項をひいて、その派生語としてあげられている名詞 réservation がどういう書きかえで使われているか（《 Je me charge de réserver les places → je me charge de la réservation des places. 》）を確認しておきましょう。

　(3)「卒業生」は ancien élève ということがわかっていれば単純な問題です。出題時には *ancient* というつづりまちがいや、*grand*、*vieux*、*vieil* などの誤答が見られました。

　『ラルースやさしい仏仏辞典 Niveau 1』の ancien の項をひいて、そこにあげられている例文（《 C'est un ancien ministre qui se présente aux élections dans notre ville. 》《 Roger est ancien dans le service, il saura vous expliquer votre travail. 》など）が正確に理解できているか確認することをおすすめします。

　(4)「変わったことがない」という日本語は、フランス語で rien de neuf と表現することができます。『ラルースやさしい仏仏辞典 Niveau 1』の rien の項で説明されているとおり、rien に形容詞または過去分詞をつける場合には前置詞の de を必要とします。例文《 Il n'y a rien de vrai dans tout ce qu'il nous a raconté. 》を参照してください。rien de neuf という表現自体は、元来 Il n'y a rien de neuf. という文だったもので、主語と動詞が省略されたと考えればよいでしょう。同じ辞書の neuf² （数詞ではなく形容詞の項目のほうです）もひいてみましょう。そこに quoi de neuf, rien de neuf が太字で印刷され、《 Alors, quoi de neuf ? ― Oh ! rien de neuf, tout est comme d'habitude ! 》という例文が載っているのがみつかりましたか。

(5)「どうしろって言うんだい?」という日本語に引きずられて *dis* を入れた受験者が出題時にはおおぜいいましたが、フランス語にはそのような表現はありません。que 以下の節で接続法が使われていることに注目すれば「〜することを望む」を意味する vouloir que + subj. が思い浮かぶことでしょう。日本語に振り回されずに、フランス語の文として何が適切かをよく考えてみましょう。

　この機会に『ラルースやさしい仏仏辞典 Niveau 1』の vouloir の項をよく読んでおくことは無駄ではないでしょう。知っているつもりの単語であっても意外に身についていない表現があるものです。たとえば « Je ne veux pas de tes excuses, tu as tort, un point c'est tout. » という例文を見て、きちんと理解できるか確認するとよいでしょう。

解　答 　(1) jours　(2) annuler　(3) ancien　(4) rien　(5) veux

[I] 1次試験の傾向と対策　筆記試験 2

練習問題 2

　次のフランス語の文(1)～(5)が、それぞれあたえられた日本語の文が表わす意味になるように、(　)内に入れるのにもっとも適切な語（各1語）を解答欄に書いてください。（配点 10）

(1) Ils mettent de l'argent de (　　　) pour s'acheter une maison.
　　彼らは家を買うためにお金をためている。　　　　　　　　（13 春）

(2) Je sais son adresse par (　　　).
　　その人の住所ならば覚えていますよ。　　　　　　　　　　（14 秋）

(3) Le (　　　), s'il vous plaît.
　　満タンにしてください。　　　　　　　　　　　　　　　　（11 秋）

(4) Pourras-tu me montrer comment mettre en (　　　) cet ordinateur ?
　　このコンピューター、どうやって起動させるの。　　　　　（12 秋）

(5) Si vous avez besoin de moi, n'(　　　) pas à venir me voir.
　　必要ならいつでも会いにきてください。　　　　　　　　　（14 秋）

　解　説　この 練習問題 2 では、出題時に得点率が20～35%であった設問を取り上げています。練習問題 1 にくらべるとむずかしく感じるかもしれませんが基本的な表現が問われていることには変わりませんから、正解できなくてもこの機会に覚えていけばよいでしょう。設問順に見ていきましょう。

　(1)「お金をためる」という日本語に対応するフランス語の表現をさがすと、mettre de l'argent de côté という言い方がみつかるでしょう。したがって空欄には côté が入ります。この単語を書く場合、アクサンをきちんと書きましょう。似たような形の別の単語（たとえば côte）とのちがいを意識して、混同しないように日ごろから気をつけておく必要があるでしょう。そのためにも『ラルースやさしい仏仏辞典 Niveau 1』の côte と côté の項を熟読することをおすすめします。そこに、表現として côte à côte（例文は « Le chemin est trop étroit pour marcher côte à côte. » など)、mettre qqch de côté (例文は « Ils ne dépensent pas beaucoup, ils mettent de l'argent de côté pour plus tard. » など) が載っているのがみつかりますか。

(2)「覚えていますよ」という日本語に対応するフランス語の表現をさがすと、savoir par cœur という言い方がみつかるでしょう。したがって空欄には cœur が入ります。出題時には *tête*、*encore*、*hasard*、*mémoire* などが誤答として見られました。

「暗記して」という意味の par cœur は apprendre ともよく使われます。『ラルースやさしい仏仏辞典 Niveau 1』の cœur の項をひくと、par cœur の例文として « Tu peux me donner le numéro de téléphone de Paul ? — Attends, je ne le sais pas par cœur, je vais regarder dans mon carnet. » が載っています。そのほかの表現 (avoir mal au cœur、n'avoir pas de cœur、faire qqch de bon cœur など) や派生語 (cardiaque、écœurer) もこの機会に確認しておくとよいでしょう。

(3) plein は名詞として「充満」といった意味があり、この文のように自動車のガソリンの「満タン」という意味で faire le plein と言います。動詞 faire を省略すると、この問題で使われている表現になるわけです。出題時には *plain*、*pleint* などの誤答が見うけられました。つづりを正確に書く重要性をここでも再認識してほしいところです。

『ラルースやさしい仏仏辞典 Niveau 1』の plein の項目には、この単語の形容詞、副詞、名詞としての用法が多様な例文とともに説明されていますから、熟読することをおすすめします。たとえば « Tu ne vas quand même pas envoyer cette lettre : elle est pleine de fautes d'orthographe ! » と « Tu n'es pas seul, tu as plein d'amis autour de toi. » という例文をくらべて、それぞれで使われている plein de のちがいをきちんと説明できますか。

(4)「(機械などを) 動かす」の意味で mettre en marche という表現があることを知っていれば容易に答えられる問題です。ほかに fonctionnement、route を空欄に入れることも可能です。

『ラルースやさしい仏仏辞典 Niveau 1』の marche の項には、ここで問題にされている用法の例文として « Je n'arrive pas à mettre en marche la machine à laver, elle doit être en panne. » があげられていますが、ほかの例文 (たとえば « Ne descends pas en marche, tu risques de tomber, attends que le métro soit arrêté. » « Il a raté une marche en descendant l'escalier, c'est comme ça qu'il s'est cassé la jambe. » など）もきちんと理解できるかどうか、熟読してみるとよいでしょう。

(5)「いつでも会いにきてください」という日本語を、フランス語の対応する部分 n'(　　) pas à venir me voir に合わせて「遠慮なく会いにきてください」と言いかえられれば、空欄に動詞 hésiter の命令法 2 人称複数 hésitez が入ることがわかるでしょう。出題時には、2 人称単数 *hésite* にしてしまった受験者が少なくありませんでした。文をよく見て、どの人称が適切かを十分に考えてから解答しましょう。

『ラルースやさしい仏仏辞典 Niveau 1』の hésiter の項には、hésiter à + inf. の場合と、不定詞をともなわない場合が区別され、それぞれの例文（« J'hésite entre ces deux tableaux, je ne sais pas lequel prendre. » など）、同義表現（avoir scrupule à、avoir peur de など）、反意表現（se décider à、oser など）があげられています。語彙をふやすのに活用してください。

|解　答| (1) côté　　(2) cœur　　(3) plein　　(4) marche
(5) hésitez

練習問題 3

次のフランス語の文 (1) 〜 (5) が、それぞれあたえられた日本語の文が表わす意味になるように、(　) 内に入れるのにもっとも適切な語（各 1 語）を解答欄に書いてください。(配点 10)

(1) Ça ne (　　　　) pas la peine de parler avec lui.
　　彼と話してみたところで無駄だよ。　　　　　　　　　　　　　(14 春)

(2) Elle est maintenant de (　　　　) à Paris.
　　彼女は今、パリにちょっと寄っています。　　　　　　　　　　(12 春)

(3) Elle est très (　　　　) à comprendre.
　　彼女、のみこみが悪いよね。　　　　　　　　　　　　　　　　(11 秋)

(4) La piscine me (　　　　) d'être en bonne santé.
　　プールに行っているので健康だ。　　　　　　　　　　　　　　(13 秋)

(5) Quoi ! Tu vas prendre trois desserts ? Il ne faut pas (　　　　) !
　　えっ、デザートを 3 つもたのむの？　ほどほどにしてよ！
　　　　　　　　　　　　　　　　　　　　　　　　　　　　　　(13 春)

解説　練習問題 3 では、出題時に得点率が 1 割未満の設問を取り上げています。難問だと感じられるかもしれませんが、フランス語の表現としては特別なものではありません。『ラルースやさしい仏仏辞典 Niveau 1』を熟読している人であれば、容易に正解に到達できるはずです。設問順に見ていきましょう。

(1) フランス語の文にふくまれた名詞 peine「苦労、骨折り」に着目して、「〜してみたところで無駄である」を「〜するに値しない」という日本語に読みかえると、valoir la peine が思い出せるのではないでしょうか。動詞 valoir の 3 人称単数で直説法現在 vaut が正解ですが、直説法単純未来 vaudra も可能です。ただし文脈から考えて、条件法現在 vaudrait は入りません。出題時には fait、est、va、prend などの誤答が見られました。

『ラルースやさしい仏仏辞典 Niveau 1』の valoir の項には、valoir la peine,

le coup (de + inf., que + subj.) の例文として、« Tu crois que ça vaut le coup d'acheter des chaussures d'été maintenant ? » などが載っています。そのほかの用法もふくめて、この動詞が自分で使いこなせるか確認してみましょう。

(2)「ちょっと寄っている」という日本語に対応するフランス語 être de passage が問われています。出題時には *passer*、*visiter* という誤答が多く見られましたが、être de につづく部分は名詞だろうと推測すれば、passer を名詞化して passage を思いつくことができるでしょう。

『ラルースやさしい仏仏辞典 Niveau 1』の passage の項には、この表現の例文として « Je te téléphone parce que je suis de passage à Paris. Je repars demain matin. » という文が載っています。状況を想像しながら、自分でもこのような文を作れるようにしておくとよいでしょう。

(3) 日本語の「のみこみが悪い」という表現に引きずられて *mal*、*mauvaise* を書いた受験者が出題時には多くいましたが、「のみこみが悪い」とは「理解するのに時間がかかる」という意味ですから、「遅い」を意味する形容詞 lent を女性形 lente にすれば正解です。

『ラルースやさしい仏仏辞典 Niveau 1』の lent の項をひくと、« Que tu es lent à te décider ! Il n'y a pourtant pas trente-six solutions. » という例文が載っています。この例文で使われている代名動詞 se décider は、他動詞 décider とくらべた場合に「（迷ったあげくにようやく）決心する」というニュアンスが入っていること、36 という数字は文字どおりの意味以外に「たくさんの」という意味で使われる場合があることも、合わせて理解しておくと表現の幅が広がるでしょう。

(4)「プールに行っているので健康だ」を「プールが私に健康であることを可能にしてくれている」と言いかえれば、空欄には「可能にする」という意味の動詞が入るだろうと予想できます。空欄の直後に前置詞 de が d' の形で置かれていることから、faire や donner を使うことはできない、permettre à qqn de + inf. という構文がふさわしいだろうと考えられれば、正答 permet に達するのはむずかしくはないでしょう。

『ラルースやさしい仏仏辞典 Niveau 1』の permettre の項をひき、そこにあげられている例文（« Vraiment ! Que cet enfant est insupportable ! Tu as vu comme il se permet de répondre à sa grand-mère ? » など）をよく読んでください。動詞を覚える場合、どういう構文で、どのような前置詞を使うかも合わせて習得する必要があります。

(5) 日本語の文は「ほどほどにしてよ」ですが、対応するフランス語の部分は il ne faut pas ~「～してはならない」という禁止を表わす表現になっています。ですから空欄には「ほどほどにする」とは反対の意味を表わす動詞が入るだろうと考えればよいでしょう。正解は exagérer です（pousser、abuser、charrier も可です）。

『ラルースやさしい仏仏辞典 Niveau 1』の exagérer の項をひいてみましょう。ここで使われているのと同じ自動詞の用法の例文として « Enfin, te voilà ! Tu exagères ! Ça fait une demi-heure que je t'attends ! » があげられているのがわかりますか。

|解 答| (1) vaut　　(2) passage　　(3) lente　　(4) permet
　　　　(5) exagérer

[Ⅰ] 1次試験の傾向と対策　筆記試験 3

3　2つの文、**A**と**B**があたえられていて、**B**の文に1つの空欄があります。下に不定詞の形で8つの動詞があたえられていますから、そこから適切な動詞を1つ選び、ふさわしい形にして空欄に入れ、**B**が**A**と同じ意味の文になるようにする、という問題です。5問あります。配点10。

　Bの文には空欄がありますから、**A**の文を頼りにして、まずは2つの文の意味を突き止めます。次に下のリストから適切な動詞を選びます。そして、**A**の文をもとに**B**の空欄に入れる動詞がどんな法になるか（直説法、条件法、接続法など）、どんな時制になるか（現在、過去、未来など）、どういう態になるか（能動態か受動態か）、主語の人称（1人称、2人称、3人称）と数（単数か複数か）はどれか、に注意して書き入れます。

　選択すべき動詞はいずれもよく使われる基本的な動詞ばかりですから、ふだんから、動詞の日本語訳だけでなく、その使い方を文の形で覚えておくとよいでしょう。10-14年に出題された動詞は abandonner、augmenter、avoir、chercher、concerner、condamner、continuer、convenir、critiquer、disparaître、donner、échapper、exprimer、faillir、gâter、jurer、manquer、mettre、mourir、offrir、partager、reculer、rembourser、rendre、représenter、réunir、revenir、s'adresser、s'attendre、se décider、se dépêcher、se faire、se gêner、se perdre、se plaindre、se traduire、signifier、s'installer、sortir、suivre、tenir、terminer、toucher、transpirer、varier、vider といったものです。今後も出題される可能性がある基本的な動詞ですから、『ラルースやさしい仏仏辞典 Niveau 1』でこれらの単語の項目をひき、用法をよく理解しておくとよいでしょう。

　せっかく正しい動詞を選択していながら活用形をまちがえる受験者が少なからずいます（そのため10-14年度の平均得点率は28％でした）。活用をしっかり身につけておくことも忘れないでください。『ラルースやさしい仏仏辞典 Niveau 1』を日常的によく読んで、動詞のさまざまな使い方に関心をもつだけでなく、自分で活用形を書いて覚えておくようにおすすめします。

　以下にあげる問題を、実際の試験を受けるつもりで解いてみてください。解いたあとに 解説 と 解答 を参照してみましょう。

| 練習問題 1 |

次の (1)〜(5) について、**A**、**B** がほぼ同じ意味になるように、(　) 内に入れるのにもっとも適切なものを、下の語群から 1 つずつ選び、必要な形にして解答欄に書いてください。ただし、同じものを複数回用いることはできません。（配点 10）

(1) **A** À partir de maintenant, prends l'opinion de ta femme en considération !
　　B À l'avenir, tu (　　　　) compte de l'opinion de ta femme.

(2) **A** Dans ce restaurant, les menus n'étaient pas toujours les mêmes.
　　B Ce restaurant (　　　　) les menus de temps en temps.

(3) **A** J'ai réussi à attraper le dernier train.
　　B J'(　　　　) manquer le dernier train.

(4) **A** Le visage du médecin peut exprimer son inquiétude.
　　B Il est possible que l'inquiétude du médecin (　　　　) sur son visage.

(5) **A** Vous avez bu pendant une heure. Résultat, il n'y a plus rien dans les trois bouteilles !
　　B Vous (　　　　) les trois bouteilles en une heure !

　　faillir　　rendre　　se risquer　　se traduire
　　tenir　　trouver　　varier　　vider

(12 春)

[I] 1次試験の傾向と対策　筆記試験 ③

解 説　文の意味を十分に理解したうえで、適切な動詞を選び、さらにそれを文意に合うように正しく活用させねばなりません。2 段階の作業が要求される記述式問題であるために毎回多くの受験者が苦労しています。アクサンをきちんと書くことも忘れないようにしましょう。設問順に見ていきましょう。

(1) **A** は「今後は妻の意見を考慮しなさい」という意味で、prendre qqch en considération という表現が使われています。同じように「〜を考慮に入れる」という意味の表現としては tenir compte de qqch がありますから、**B** では動詞 tenir を選べばよいでしょう。**A** では命令法 prends が使われていますが、**B** では主語代名詞 tu が印刷されていますから、命令法 *tiens* は使えません。未来のことを述べているので、直説法単純未来 tiendras にすればよいと判断できるでしょう。出題時には rendre を選んで *rends*、*rendras* などと書いた受験者がいましたが、rendre compte de qqch「〜の報告をする、説明（釈明）する」と混同したのでしょう。

『ラルースやさしい仏仏辞典 Niveau 1』の compte の項にはここで使われている tenir compte de qqch（例文は « Pierre te donne de bons conseils, mais tu n'en tiens jamais compte, alors, à quoi ça sert ? »）をはじめ、さまざまな表現（faire le compte de qqch ; faire des, ses comptes ; tout compte fait など）が収録されています。この機会に熟読して用法が身についているか確認するとよいでしょう。

(2) **A** は「このレストランではコース料理がいつも同じということはなかった」という意味です。ここでは menu は「メニュー」ではなく「定食、コース料理」を意味します。また、否定の副詞 pas のうしろに toujours が置かれると「いつも〜というわけではない」という部分否定になります。**B** は「このレストランはコース料理をときどき（　　　）」となっていますから、空欄には「変える」を意味する動詞 varier を使えばよいとわかるでしょう。時制は **A** とおなじく直説法半過去にし、variait と書けば正解です。

『ラルースやさしい仏仏辞典 Niveau 1』の varier の項をひくと、派生語に variation という名詞があげられているだけでなく、varié の項も参照せよと指示されています。そこで varié の項を見ると、そこでは variété という派生語があたえられています。これらの派生語がどのような文の書きかえに使われているかを見ておくと（« Le témoin n'a pas varié ses affirmations → il n'y a pas eu de variation dans les affirmations du témoin. » « Elle aimerait que ses occupations soient variées → elle aimerait mettre de la variété dans ses occupations. »）、自分の表現を「多様化」させるのに役立つことでしょう。

⑶ **A** は「私は最終電車に間に合った」という意味です。**B** の空欄につづく部分は「最終電車に乗り遅れる」ですから、空欄には否定的な表現が入ると予想されます。選択肢のなかに faillir「もう少しで〜する」があることに気づけば、これを直説法複合過去 ai failli にすることはそうむずかしくはないでしょう。

『ラルースやさしい仏仏辞典 Niveau 1』の faillir の項をひき、例文だけではなく、文法解説と同義表現にも注目しておくとよいでしょう。日常的にはどの時制で使われると書いてありますか。

⑷ **A** は「医師の顔は不安を表わすことがありうる」という意味です。**B** では Il est possible que につづく節の主語が l'inquiétude du médecin「医師の不安」となっていますから、空欄には「現れる」を意味するような動詞が入るだろうと予想できるでしょう。選択肢にある se traduire がそれで、この動詞を接続法現在 se traduise に活用させれば正解です。せっかく適切な動詞を選んでも活用でまちがえては得点に結びつきませんから、従属節において直説法と接続法のどちらが要求されているか、基本的な表現に関してはきちんと整理しておくとよいでしょう。

『ラルースやさしい仏仏辞典 Niveau 1』の traduire の項をひくと、se traduire は第 2 の意味とされ、« Sa maladie se traduit par des crises de nerfs. » という例文と、同義語として s'exprimer、se manifester があげられています。「翻訳する」という第 1 の意味に関する説明も合わせて読んでおきましょう。

⑸ **A** は「あなた（あるいはあなた方）は 1 時間飲んで、その結果、3 本のビンにはなにも残っていない」という意味です。**B** は「あなた（あるいはあなた方）は 3 本のビンを 1 時間で（　　　）」となっていますから、空欄には「飲み干した」という意味の動詞が入るだろうと予想できます。vider を選び、直説法複合過去 avez vidé にすれば正解です。出題時には tenir を使った受験者が多くいましたが、それではふさわしい意味にはならないでしょう。

[解答] ⑴ tiendras ⑵ variait ⑶ ai failli
⑷ se traduise ⑸ avez vidé

練習問題 2

次の(1)〜(5)について、**A**、**B**がほぼ同じ意味になるように、(　)内に入れるのにもっとも適切なものを、下の語群から1つずつ選び、必要な形にして解答欄に書いてください。ただし、同じものを複数回用いることはできません。（配点 10）

(1) **A** Elle a crié en vain pour appeler au secours.
　　B Elle (　　　　) beau crier, personne n'est venu l'aider.

(2) **A** Ils feront face à tous les dangers.
　　B Ils ne (　　　　) devant aucun danger.

(3) **A** J'étais triste de ne plus trouver de fromage français là-bas.
　　B Le fromage français me (　　　　) quand j'étais là-bas.

(4) **A** Laissez-moi vous inviter ce soir.
　　B Ce soir, c'est moi qui vous (　　　　) à dîner.

(5) **A** Vous demanderez tous les renseignements auprès de la réception.
　　B Pour tous renseignements, il faut que vous (　　　　) à la réception.

avoir	manger	manquer	offrir
plaire	reculer	s'adresser	se mettre

(13 春)

[解説]　設問の順に見ていきましょう。
　(1) **A** の文は「彼女は助けを呼ぶために叫んだが、むだだった」という意味です。**A** で用いられている en vain「むだに、むなしく」と似たような意味になる表現に、avoir beau + inf.「たとえいくら〜してもむだである」がありますから、**B** では動詞 avoir を選び、**A** の時制に合わせて複合過去 3 人称単数 a eu にすればよいのです。出題時にはせっかく適切な動詞を選びながら、時制をまちがえた受験者が少なくありませんでした。2 つの文をよく比較することを忘れないようにしましょう。
　『ラルースやさしい仏仏辞典 Niveau 1』の beau の項に avoir beau + inf. は載っています（例文は « J'ai eu beau m'excuser, il est parti furieux contre moi. » など）。小さい活字の部分でこの表現がどう説明されているかにも注目しつつ、辞書を熟読しておくとよいでしょう。
　(2) **A** の文は「彼らはどんな危険にも立ち向かうだろう」という意味で、**B** の文は「彼らはいかなる危険を前にしても〜しない」となっています。選択肢のなかに reculer「後退する」がありますから、これを単純未来 3 人称複数 reculeront にすれば正解です。
　『ラルースやさしい仏仏辞典 Niveau 1』の reculer の項には自動詞として使われる場合の例文（« Va, maintenant tu ne peux plus reculer, il faut te décider. » など）だけでなく、他動詞の場合の例文（« Tu es trop près de la table, recule ta chaise. » « Jacques n'est pas libre jeudi à 17 heures, on va donc reculer le rendez-vous. » など）もあげられています。それぞれの用法がしっかり身についているか、確認することをおすすめします。
　(3) **A** の文は「向こうではもうフランスのチーズを入手できないのが悲しかった」という意味です。**B** の文では Le fromage français が主語になっていますから、選択肢のなかで「〜がなくてさみしい」を意味する動詞 manquer を選び、半過去 3 人称単数 manquait にすれば正解です。
　『ラルースやさしい仏仏辞典 Niveau 1』の manquer の項をひいて、この動詞のさまざまな用法を見直すのによい機会でしょう。その項目のなかで、ここで使われているのと同じ用法がどこにあるか、どういう例文が載っているか、すぐにわかりますか。
　(4) **A** の文は「今夜は私におごらせてください」という意味です。**B** の文は強調構文になっていますから、「今夜あなたに夕食をごちそうするのは私

です」という意味にすればよいだろうと予想できます。「贈る、提供する」を意味する offrir を選び、直説法現在 1 人称単数 offre を書けば正解です。出題時には動詞の活用でつまづいた受験者が少なくありませんでした。動詞の活用はふだんから手を使って練習しておかないと忘れてしまいがちです。基本的な事項をおろそかにしないようにしましょう。

(5) **A** の文は「すべての情報は受付で問い合わせてください」という意味で、単純未来形が軽い命令の意味で用いられています。一方、**B** の文は「すべての情報については受付で〜しなくてはなりません」と訳せます。選択肢のなかに「(照会に) 行く、問い合わせる」を意味する s'adresser がありますから、これを接続法現在 2 人称複数 vous adressiez とすれば正解です。

『ラルースやさしい仏仏辞典 Niveau 1』の adresser の項は adresser la parole à qqn という用法 (例文は « Je me demande pourquoi Pierre est si silencieux : il ne nous a pas adressé la parole depuis le début de la soirée ! » など) と s'adresser à qqn, quelque part という用法 (例文は « Je ne sais pas où m'adresser pour louer les places. » など) を区別して載せています。同義表現として何があげられているかにも注目しつつ、この項目を熟読してみるとよいでしょう。

解　答　(1) a eu　(2) reculeront　(3) manquait
　　　　　(4) offre　(5) vous adressiez

| 練習問題 3 |

次の (1) 〜 (5) について、**A**、**B** がほぼ同じ意味になるように、(　　) 内に入れるのにもっとも適切なものを、下の語群から 1 つずつ選び、必要な形にして解答欄に書いてください。ただし、同じものを複数回用いることはできません。(配点 10)

(1) **A** C'est fini, nous ne pouvons pas attraper le dernier train.
　　B Il est inutile que nous (　　　　) pour le dernier train, il est trop tard.

(2) **A** Je n'ai pas le courage de lui dire qu'une partie ne va pas dans son ouvrage.
　　B Si j'osais, je (　　　　) une partie de son ouvrage.

(3) **A** Ne soyez pas trop gentil avec les enfants après mon départ.
　　B Vous ne (　　　　) pas les enfants après mon départ.

(4) **A** Nous avons été émus par votre lettre.
　　B Votre lettre nous (　　　　).

(5) **A** Quel est le sens de ce tableau ?
　　B Que (　　　　) ce tableau ?

　　critiquer　　gâter　　manquer　　rendre
　　se dépêcher　　se rattraper　　signifier　　toucher

[Ⅰ] 1 次試験の傾向と対策　筆記試験 ③

（14 秋）

解説　設問の順に見ていきましょう。

(1) **A** の文は「もう駄目、終電には間に合わない」という意味です。**B** の文は「終電のために〜しても無駄、遅すぎる」となっています。選択肢を見ると se dépêcher「急ぐ」がありますから、これを Il est inutile que「〜しても無駄である」に合わせて接続法にすればよいとわかるでしょう。適切な動詞を選んでいるのに直説法にしてしまった誤答が出題時にはめだちました。

『ラルースやさしい仏仏辞典 Niveau 1』の dépêcher (se) の項を読み、同義語としてあげられているなかで se hâter に関して en langue soutenue という指示があたえられていますが、これが何を意味するか確認してみましょう。

(2) **A** の文は「彼（ないし彼女）の著作には一部よくないところがあると彼（ないし彼女）に告げる勇気がない」という意味です。**B** の文は「勇気があれば、彼（ないし彼女）の著作の一部を〜するのだけれど」となっていますから、選択肢のなかで critiquer を選ぶことはそれほどむずかしくはないでしょう。そのうえで、**B** の si でみちびかれる節が直説法半過去であることから、事実に反する仮定表現であることを確認し、critiquer を条件法現在にする必要があります。せっかく適切な動詞を選んでいても、直説法現在にしたり、直説法半過去にしたり、あるいはつづりをまちがえたりするなどの誤答が出題時にはめだちました。仮定表現の基本的な組み合わせは復習しておくとよいでしょう。

『ラルースやさしい仏仏辞典 Niveau 1』の oser の項をひくと、同義表現と反意表現がさまざまあげられています。それらが身についているか確認してみましょう。さらに、挿絵にふさわしいキャプションが何かを想像してみることもおすすめします。キャプション (légende) の 1 例は同書 898 ページに « Enfin il a osé lui dire qu'il l'aime. » という文で載っています。

(3) **A** の文は「私がいなくなったあと、子どもたちに優しくしすぎないでください」という意味です。**B** は否定文で「私がいなくなったあと、子どもたちを〜しないでください」となっていますから、選択肢のなかから「甘やかす」を意味する gâter を選ぶのはさほどむずかしくはないでしょう。主語がありますから、軽い命令を表わす直説法単純未来 gâterez を使えばよいと判断できるでしょう。直説法現在 gâtez も正解です。出題時には *touchez*、*vous rattrapez*、*gâtiez*、*vous dépêchez* などの誤答が見られました。

(4) **A** の文は「私たちはあなたの手紙に心を動かされました」という意味です。**B** の文では Votre lettre が主語になっていますから「あなたの手紙が私たちを〜した」という意味になると予想できます。選択肢のなかにある toucher には「〜にふれる」だけでなく「(何かがだれかの)心を打つ」という意味がありますから、これを選び、直説法複合過去 a touchés に活用させます。その際に注意すべきは過去分詞の性数一致です。直接目的語(この場合、代名詞 nous ですが、**A** の文にある émus からこれが男性複数であることはわかります)が動詞より前に置かれている場合、過去分詞はその直接目的語の性数に一致させなければならないという規則は初級文法で習うはずですが、つい忘れがちです(フランス語を母語にしている人たちですら)。実際、出題時には a *touché* とした受験者がめだちました。

『ラルースやさしい仏仏辞典 Niveau 1』の toucher の項には、この動詞の多様な意味が理解できるように工夫された例文が載っています(たとえば « Il est mort tout de suite : la balle l'a touché en plein cœur. » « Les employés touchent leur salaire à la fin de chaque mois. » など)。例文と解説を熟読しておくとよいでしょう。

(5) **A** の文は「この絵の意味は何ですか」という意味で、**B** の文は「この絵は何を〜していますか」と訳せそうです。選択肢を見ると signifier がありますから、これを直説法現在にすれば正解です。出題時には活用をまちがえて *signifit* や *signifi* とした受験者がいましたが、基本的な動詞の活用は日ごろから練習しておかないと、ついまちがえてしまいがちです。

この機会に『ラルースやさしい仏仏辞典 Niveau 1』の sens の項をひき、多様な意味をきちんと把握しているか確認してみることをおすすめします。例文(« Attention ! Tu n'as pas le droit d'aller par là, c'est un sens interdit. » « Réfléchis, un peu de bon sens, tu vois bien que ce que tu veux est impossible ! » など)が正しく理解できているかだけでなく、自分でもそのような文が作れるか、練習するとよいでしょう。

解 答 (1) nous dépêchions　(2) critiquerais　(3) gâterez / gâtez
　　　　(4) a touchés　　　　(5) signifie

[Ⅰ] 1次試験の傾向と対策　筆記試験 ④

4

　いわゆる長文問題です。ある長さの文章に5つの空欄が設けられています。そのそれぞれに3つの選択肢があたえられていますので、適切なものを選んで解答用紙の該当箇所の正しい番号を塗りつぶします。配点10。

　それぞれ3つの選択肢は文法的には該当箇所に入りうるように作られています。それを前後の文脈を考慮しつつ、文章の内容に一貫した整合性をあたえる語句あるいは文を選ぶわけです。選択肢で使われている語句を注意深く理解して、文脈に合うかどうかを検討してください。

　文章の大意、論理展開を把握することが大切です。日本語に訳すわけではないのですから、知らない語句があってもあまりこだわらずに、話の流れに注意を集中しましょう。選択肢があたえられているので、比較的得点率の高い問題です。10-14年度の平均は62%でした。

　ただし以下にあげた練習問題の **解　説** では、使われている表現に関しても、自分で使いこなせるようになってもらいたいものは補足説明をくわえてあります。問題を解くだけでなく、せっかくふれたフランス語の表現をなるべく多く身につけるようにしてください。

練習問題 1

次の文章を読み、(1) ～ (5) に入れるのにもっとも適切なものを、それぞれ右のページの①～③のなかから1つずつ選び、解答欄のその番号にマークしてください。（配点 10）

　Au Maroc, on est loin de l'époque où les femmes restaient à la maison en attendant gentiment leur mari. Aujourd'hui, elles travaillent aussi, et beaucoup ont atteint des postes importants. Mais la plupart ont mari et enfants. Et il y a des jours où (　1　). Une étude récente montre que plus de 86 % des femmes qui travaillent se sentent coupables du temps employé à leur vie professionnelle.

　Alors, comment trouver un juste équilibre ? Tout est (　2　). Il faut laisser le travail au bureau et éviter de ramener un dossier à la maison. On doit donner de l'importance aux moments passés avec la famille. Si l'on ne peut pas aller chercher ses enfants tous les jours à l'école, il faut au moins essayer de le faire un jour précis de la semaine. Dès qu'on en fait un rendez-vous sacré, les enfants l'attendent (　3　).

　Le mari a aussi son rôle à jouer. Il faut qu'il sache que sa femme n'a pas bâti le foyer* toute seule. Elle n'élève pas non plus les enfants sans lui. Même si les maris sont (　4　) se charger de tout ce que leur femme ne peut pas faire, une aide est toujours précieuse.

　L'important est que les femmes ne se comparent pas aux femmes qu'on montre à la télévision : celles qui rentrent après une dure journée de travail et s'occupent de leurs enfants avec un large sourire aux lèvres. Il ne faut pas qu'elles hésitent à

46

parler avec leurs copines, collègues ou sœurs. Quand elles savent qu'elles ne sont pas seules dans certaines situations, cela (　5　).

*foyer：家庭

(1)　① elles sont heureuses
　　② la vie est compliquée
　　③ tout va bien

(2)　① en règle
　　② facile à faire
　　③ une question d'organisation

(3)　① avec impatience
　　② quelque part
　　③ sans trop compter là-dessus

(4)　① incapables de
　　② indispensables pour
　　③ pressés de

(5)　① les amène à se faire des illusions
　　② les trouble
　　③ leur fait beaucoup de bien

(13 秋)

解説　文章の内容を確認しながら各設問のポイントを見ていきましょう。
(1) 第1段落ではまず、今日のモロッコでは専業主婦が少なくなり、多く

の女性が働きつつ育児もしていることが論じられています。「（　1　）な日もある」という文の空欄をうめるには、その直後の文を読む必要があります。そこには「最近の研究によると、働く女性のうち86％を超える人たちが、仕事に時間を割くことに罪悪感を感じている」とありますから、この2つの文の整合性を考えると正解は②「人生が複雑である」だとわかるでしょう。①「彼女たちが幸せである」でも③「すべてがうまくいく」でも文脈に合いません。

(2) 第2段落冒頭で「それではよいバランスをどのようにみつけるべきであろうか」という質問が投げかけられ、それに対する応答が「すべては（　2　）」という空欄をふくむ文になっています。つづく部分で、仕事は家にもちかえらず、家族と過ごす時間を大切にすべきであるといったことが述べられていますから、正解は③「段取りに関する問題である」になります。①「規定どおりである」と②「容易にできる」では、空欄につづく文章とうまくつながりません。

③で使われているquestionという名詞は、うしろに前置詞deを介して名詞をつける場合に注意する必要があります。la question de ＋定冠詞＋名詞であれば「～が提起する問題、～という問題」の意味であり、une question de ＋無冠詞名詞であれば「～にかかわる問題、～の問題」という意味になります。ですからこの場合、空欄をうめてTout est une question d'organisation. とすると「すべては段取りにかかわる問題である」を意味する文になります。自分でフランス語の文章を作るときに気をつけるとよいでしょう。

(3) 第2段落の第5文では、毎日子どもを学校に迎えにいくことはできなくても、週に少なくとも1回、決まった曜日に迎えにいくべきであると言われています。第6文で「その日をかけがえのない約束の日とすれば、子どもはその日を（　3　）待つものである」と述べられていますから、正解は①「待ちきれない気持ちで」です。②「どこかで」でも③「あまり期待せずに」でも文脈に合わないことはすぐにわかるでしょうか。

(4) 第4段落では家庭において夫がはたすべき役割が論じられています。妻がひとりで家庭を築いたのではない、妻が夫の手を借りずに子どもを育てるわけではないといったことが喚起されています。つづいて「たとえ妻たちができないことすべてを夫が担うのは（　4　）としても、助けはいつでも貴重である」と述べられています。従属節はmême si ~「たとえ～でも」で始まり、主節で手伝いの意義が言われていますから、正解は①「不可能であ

る」です。②「欠かせない」も③「急いでいる」も文脈に適合しません。

(5) 最終段落冒頭では、テレビに登場するような女性、多忙な1日の仕事をこなしたあとに家庭でも笑顔をたやさず子どもの面倒を見るような女性と自分をくらべないほうがよいだろうと言われています。そのような非現実的な女性と比較するより、女友だち、同僚、姉妹といった人たちと話す機会をもてば、自分ひとりが苦労しているわけではないことがわかるだろう、「そうして（ 5 ）」という空欄には、③「元気づけられるものだ」が入ります。①「思いちがいをしてしまう」でも②「とまどわされる」でも、文脈にふさわしくないことが容易に理解できたでしょうか。

解 答 (1)②　(2)③　(3)①　(4)①　(5)③

練習問題 2

次の文章を読み、(1) ～ (5) に入れるのにもっとも適切なものを、それぞれ右のページの①～③のなかから1つずつ選び、解答欄のその番号にマークしてください。（配点 10）

　Depuis une dizaine d'années, le nombre de mariages continue à baisser en France. Cette forme d'union attire (　1　) d'amoureux, tandis que près d'un mariage sur deux se termine par un divorce. Ainsi, une nouvelle mode est en train de naître : la « fête de divorce ». Importées des États-Unis, les fêtes de divorce deviennent peu à peu populaires en Europe. Plutôt que de s'enfermer chez soi pour (　2　) en pleurant, « il vaut mieux fêter l'événement », déclare Delphine Jay, romancière et avocate américaine.

　« Un jour, j'ai entendu parler de quelqu'un qui avait organisé une fête (　3　) une séparation. Et on a essayé la même chose pour une amie. J'ai compris alors l'importance d'une soirée de ce genre pour se débarrasser de mauvais souvenirs et se tourner vers l'avenir », explique-t-elle. Depuis un an, Delphine Jay organise des fêtes à Paris avec Adèle Dubois, propriétaire d'une pâtisserie dans le 14e arrondissement. « Pour mon premier gâteau de divorce, on m'avait demandé de faire au chocolat noir le tombeau* du mari, alors que bien sûr, celui-ci n'était pas mort », se rappelle Adèle Dubois. « Ça peut paraître bizarre, mais c'est juste pour se dire avec humour : (　4　). »

　Le divorce est bien accepté dans la société d'aujourd'hui. Comme (　5　), les gens sont plus prêts à aider un

50

proche sur le point de divorcer, surtout si le mariage était malheureux. Les copines viennent souvent voir la divorcée par exemple.

*tombeau：墓石

(1) ① d'autant plus
　　② de moins en moins
　　③ plus que jamais

(2) ① danser et chanter avec des voisins
　　② écouter des chansons d'amour
　　③ offrir un bon gâteau à des amis

(3) ① afin de mieux faire face à
　　② au lieu d'accepter
　　③ pour éviter si possible

(4) ① c'est fini, je passe à autre chose
　　② impossible de l'oublier, je veux mourir
　　③ si j'avais su, j'aurais fait autrement

(5) ① il est devenu très commun
　　② il n'est plus courant
　　③ s'il restait rare

(14 秋)

解説 文章の内容を確認しながら各設問のポイントを見ていきましょう。
(1) まず冒頭で、フランスでは結婚件数が10年ほど前から減少の一途を

たどっていると述べられています。それに続いて Cette forme d'union attire （ 1 ） d'amoureux という空欄をふくむ節がありますが、①を入れると「恋人たちをいっそう引き付けている」となり、③を入れると「これまでになく恋人たちを引き付けている」となり、どちらも冒頭の趣旨と合いません。②を入れると「次第に引き付けなくなってきている」となり、前文の内容に合うことがわかります。

『ラルースやさしい仏仏辞典 Niveau 1』の moins の項をひき、そこにあげられているさまざまな表現を身につけているか確認してみましょう。例文（« Nous ne sommes pas fâchés, mais on se voit de moins en moins. » « Il y a trois élèves de moins dans cette classe, par rapport à l'année dernière. » « Il n'a pas besoin de toi, tout au moins, c'est ce qu'il dit. » など）を読み、解説とてらしあわせながら用法を理解することをおすすめします。

(2) （ 1 ） をふくむ文のあとで、アメリカからやってきてヨーロッパでも少しずつ普及し始めたという「離婚パーティー」の話が出てきます。そして「泣きながら（ 2 ）ために家に閉じこもる」よりは「(別れたという)出来事を祝ってしまったほうがいい」という Delphine Jay の発言が引用されています。①「近所の人たちと踊ったり歌ったりする」も③「友だちにおいしいケーキをあげる」も文脈に合いません。②「ラブソングを聞く」が正解です。

(3) 第2段落では、パリで「離婚パーティー」をオーガナイズしている Delphine Jay の発言で始まります。彼女が「悪い思い出を忘れ去り、前向きになるためにこの種のパーティーが意義をもつことがわかった」経緯が語られているわけですが、その出発点にはある人が「別れ（ 3 ）パーティーを催した人の話を耳にした」ことがあります。有意義なパーティーとしてふさわしいのは①「(別れ)によりよく対処するために」であり、②「(別れ)を受け入れるかわりに」でも③「(別れ)をできれば避けるために」でもないことはわかるでしょう。

(4) 第2段落後半では Delphine Jay と「離婚パーティー」をオーガナイズする Adèle Dubois の発言が引用されています。その種のパーティーで最初に依頼されたケーキは、別れた夫の墓をブラックチョコで作るというものだったと言っています。亡くなっていない夫の墓を作る目的が何かという説明が空欄をふくむ発言、「変に見えるかもしれないけれど、それはユーモアをこめて（ 5 ）と自分に言い聞かせるためなのです」の部分です。したが

って文脈にふさわしいのは①「これで終わり。別のことに移るわ」でしょう。②「彼のことを忘れるなんて無理。死にたい」、③「もし知っていたらちがうやり方をしたのに」では文脈に合いません。

(5) 第3段落は「今日の社会では離婚は広く認められている」という文で始まっています。Comme で始まる第2文は、「（　5　）ので、人々は離婚しそうな近親者を以前より進んで助けるようになってきている」とつづいていますから、前文の内容をうけていると考えられます。したがってふさわしいのは①「それがごく一般的になった（ので）」であると判断できるでしょう。②「それはもはやよくあることではない（ので）」、③「（まるで）それがまれでありつづける（かのように）」では文脈に合いません。

選択肢③で使われている comme si ~ は「まるで～かのように」の意味で、節のなかの動詞は主節と同時のときは直説法半過去を通常使います。

解　答　(1) ②　　(2) ②　　(3) ①　　(4) ①　　(5) ①

5 　対話形式の長文があたえられています。聞き手（la / le journaliste であることが多い）の質問の部分が空欄になっているので、アルファベ順に並べられている 7 つの選択肢のなかから適切なものを選びます。それぞれの空欄について、解答用紙の該当箇所の正しい番号を塗りつぶします。配点 10。10-14 年度の平均得点率は 77％でした。

　質問に対する答えの部分の内容を読み取ることが重要なわけですが、選択肢の質問にまず目を通しておくとよいでしょう。それぞれの選択肢が oui、non、si などの表現を答えとして要求するものか、あるいは疑問詞を用いて特定の情報（期間、時期、場所、理由など）を求めるものかをチェックしておくと、本文を読んだ際にどの選択肢が本文のどの箇所に対応しているか見やすくなるはずです。本文を読んでおよその見当をつけたら形式面（応答が oui、non、si などの表現で始まっているか否か）と内容面（応答でどういう情報があたえられているか）から正解をしぼりこんでいきましょう。選択肢を選んでからもう 1 度全体を読みなおして確認すると、インタビューの流れとして適切かどうかわかるものですから、あわてずに再検討を忘れないようにしましょう。

　ふだんから新聞や雑誌、あるいはインターネットなどに掲載されるインタビュー記事を読んでおくことをおすすめします。

　以下で実例を取り上げますので、まず解いてみてから 解説 と 解答 を参考にしてください。 解説 のなかでは、問題文中で使われている表現に補足的な説明をくわえてありますので、語彙をふやすのに役立ててください。

練習問題 1

　次の文章は、Lacroix 氏に対するインタビューの一部です。インタビュアーの質問として（ 1 ）〜（ 5 ）に入れるのにもっとも適切なものを、右のページの①〜⑦のなかから1つずつ選び、解答欄のその番号にマークしてください。（配点 10 ）

Le journaliste : Votre design* pour le groupe de supermarchés Max est connu pour son originalité. （　1　）

M. Lacroix : J'ai voulu que les gens fassent des courses comme dans une boutique de luxe. J'ai alors peint le rayon légumes en noir et le plafond en argent.

Le journaliste : （　2　）

M. Lacroix : Non. Rendre simplement beau, ce n'est pas assez. Il faut aussi se mettre à la place des consommateurs.

Le journaliste : （　3　）

M. Lacroix : Absolument pas. Je travaille aussi pour des magasins de discount**. C'est vrai qu'ils vendent des produits à bas prix. Mais c'est mieux s'ils sont agréables.

Le journaliste : （　4　）

M. Lacroix : Mes grands-parents m'ont fait aimer l'art. J'aurais pu devenir sculpteur ou peintre. Mais je déteste travailler seul. J'aime travailler avec plein de gens différents.

Le journaliste : （　5　）

M. Lacroix : Pour cela, il faut plutôt regarder à l'intérieur de soi. C'est dans l'enfance qu'on trouve les idées les plus originales.

*design：デザイン
**magasin de discount：ディスカウントショップ

① Alors, c'est en discutant avec les gens que vous trouvez des idées ?

② Comment êtes-vous arrivé dans ce métier ?

③ Et votre prochain projet avance-t-il ?

④ La beauté est-elle suffisante pour augmenter les ventes ?

⑤ Quel était le concept de ce design ?

⑥ Qui vous l'avait demandé ?

⑦ Travaillez-vous différemment selon le type de magasins ?

(13 春)

　解　説　インテリアデザイナーのLacroix氏に対するインタビューです。design「デザイン」という名詞は、日用品のデザイン、家具や内装などのインテリアデザインから、建物の設計、そして都市計画まで、幅ひろく使われます。この問題においては、インテリアデザインの意味で用いられていることが文脈からわかります。各設問ごとに検討していきましょう。
　(1) ジャーナリストは質問に先だって、大手スーパーMaxでLacroix氏が担当したインテリアデザインを話題にしています。ジャーナリストの質問に

対して Lacroix 氏は「お客さんたちに高級ブティックにいるような気分で買い物をしてほしかったのです」と答えています。選択肢のなかでは ⑤ Quel était le concept de ce design ?「そのデザインのコンセプトはなんだったのですか」が質問としてふさわしいことは容易にわかるでしょう。

(2) Lacroix 氏の応答は「いいえ。ただ美しくするだけでは十分ではありません。消費者の立場にたって考えてみることも必要です」というものですから、なんらかの目的にみあうかどうかを問い、「美しさ」と「消費者」に関する質問をさがすと、④ La beauté est-elle suffisante pour augmenter les ventes ?「売り上げを促進するには美しさだけで十分でしょうか」が適合します。

(3) まず「そんなことはまったくありません」と Lacroix 氏は答えていますから、oui か non で答えられる質問だとわかります。答えのつづきの部分で「ディスカウントショップでもインテリアデザインの仕事をしました。安い品物を売る店でも快適なほうがよいでしょう」といったことが言われていますから、Max 以外の店でも同じような発想で仕事をしたと考えられます。それにふさわしい質問は ⑦ Travaillez-vous différemment selon le type de magasins ?「店の種類によって仕事の仕方を変えますか」です。

ここの空欄につづく Lacroix 氏の応答の第1文に使われている副詞 absolument は、否定の副詞 pas とともに使う場合、置かれる位置によって意味がことなります。absolument pas の順序の場合には全体否定となり、「全然そんなことはない」を意味し、pas absolument の場合には部分否定となり、「まったくそうだというわけではない」を意味します。自分で使う場合に注意しましょう。

(4)「祖父母のおかげで芸術が好きになり、彫刻家か画家になったかもしれませんが、孤独な仕事より多様な人たちとの共同作業のほうが好きです」という趣旨の Lacroix 氏の返答では、もっぱら彼自身のことが語られています。それに合う質問は ② Comment êtes-vous arrivé dans ce métier ?「どういう経緯でこの仕事をするようになったのですか」です。

(5)「そのためには、むしろ自分の内面をみつめる必要があります」と Lacroix 氏は語り始めていますから、それをみちびく質問は「自分の内面をみつめる」のとは対照的な行為を話題にしているだろうと推測できます。したがって、正解は ① Alors, c'est en discutant avec les gens que vous trouvez des idées ?「それでは、みんなと話し合ってアイデアをみつけるのですか」

です。

|解　答|　(1) ⑤　　(2) ④　　(3) ⑦　　(4) ②　　(5) ①

練習問題 2

次の文章は、Claudia に対するインタビューの一部です。インタビュアーの質問として (1) 〜 (5) に入れるのにもっとも適切なものを、右のページの①〜⑦のなかから 1 つずつ選び、解答欄のその番号にマークしてください。（配点 10）

La journaliste : Vous êtes aujourd'hui une des plus grandes couturières* de France. (　　1　　)

Claudia : Quand j'étais lycéenne, je ne voulais pas m'habiller comme tout le monde. Alors j'ai pensé à faire moi-même des vêtements.

La journaliste : (　　2　　)

Claudia : Des choses que les femmes puissent porter tous les jours. Des vêtements pour aller au travail et non dans un restaurant chic.

La journaliste : (　　3　　)

Claudia : Je ne sais pas. C'est pourquoi j'ai toujours un petit carnet sur moi. Quand j'ai une idée dans la rue, je la note tout de suite.

La journaliste : Vous avez ouvert votre première boutique à Paris. (　　4　　)

Claudia : Je l'adore. En plus, j'aime les Parisiennes qui sont complètement différentes des femmes des autres villes.

La journaliste : (　　5　　)

Claudia : S'habiller sans y prêter trop attention et avoir quand même l'air élégant. Je vois beaucoup de femmes comme ça autour de moi.

*couturier：ファッションデザイナー

① Comment avez-vous réussi dans votre métier ?

② D'où vous est venue l'idée de créer des vêtements ?

③ D'où vous viennent les idées pour vos vêtements ?

④ Êtes-vous très attachée à cette ville ?

⑤ Pourquoi n'avez-vous pas choisi Paris ?

⑥ Quel est le style parisien pour vous ?

⑦ Quels types de vêtements voulez-vous créer aujourd'hui ?

(14 春)

解 説 各設問ごとに検討していきましょう。
(1) ジャーナリストは質問に先だって、Claudia がフランスでもっともメジャーなファッションデザイナーのひとりであると述べています。そうした確認につづく質問としては① Comment avez-vous réussi dans votre métier ?「あなたはこの職業でどのようにして成功を収めたのですか」という文が予想されるかもしれません。実際、出題時にはこの選択肢を選んだ受験者が多くいました。しかし Claudia の応答は「高校生だったころ、みんなと同じような服装はしたくないって思っていたの。だから自分の手で洋服を作ろうと考えたのよ」というものです。したがって、② D'où vous est venue l'idée de créer des vêtements ?「どうして洋服を作ろうと思いついたのですか」がもっとも適切だとわかるでしょう。インタビューの空欄をうめる場合、前と

のつながりだけでなく、うしろとのつながりも確認してください。

(2) Claudia の応答は「女性が毎日身につけられるようなものね。シックなレストランに行くためではなくて、仕事に行くために着る洋服よ」という趣旨です。具体的にどのような洋服を作っているか、あるいは作りたいと思っているか、そのコンセプトを説明する応答ですから、それをみちびく質問としては⑦ Quels types de vêtements voulez-vous créer aujourd'hui ?「いまあなたが作りたいと思っているのはどういうタイプの洋服ですか」がふさわしいとわかるでしょう。

(3) Claudia が「わからないわ。だからいつも小さなメモ帳をもち歩いていて、街でアイデアが浮かんだときには、すぐに書きとめるのよ」といった応答をしていますから、ここでは洋服に関する「さまざまなアイデア」が問題になっているとわかります。idée(s) をふくむ質問は②と③ですが、②は(1)で見たように「どうして洋服を作ろうと思いついたのですか」という意味で l'idée de + inf. が使われた文で、③ D'où vous viennent les idées pour vos vêtements ? は「洋服に関するあなたのさまざまなアイデアはどこから来るのですか」という意味で、複数形の idées が用いられています。したがって文脈に合うのは③のほうだと理解できます。

『ラルースやさしい仏仏辞典 Niveau 1』の idée の項をひき、さまざまな例文（« Je t'assure que c'est très bien. — Peut-être, mais j'aimerais m'en faire une idée moi-même, j'irai voir ce que c'est. » « Comment j'ai deviné que tu serais là ? Eh bien, il m'est venu à l'idée que tu étais en vacances au même endroit que moi. » など）をとおしていろいろな表現（se faire une idée (+ adj.) de qqch ; ça, il m'est venu à l'idée (que + ind.) など）が身についているか、確認してみましょう。

(4) ジャーナリストは話題を変えて「あなたは最初のお店をパリに開きましたね」と述べています。質問に対する Claudia の応答は「私はそれが大好きなの。それに、ほかの街の女性とは全然ちがうパリの女性たちを愛しているのよ」というものです。パリへの思い入れを語っているわけですから、直接目的語人称代名詞 l' が「パリ」をうけていると推測してみましょう。選択肢のなかでパリに関連する文は④ Êtes-vous très attachée à cette ville ?「あなたはこの街に愛着を感じていますか」、⑤ Pourquoi n'avez-vous pas choisi Paris ?「なぜパリを選ばなかったのですか」、⑥ Quel est le style parisien pour vous ?「あなたにとってパリのスタイルとはどういうものですか」です。⑤

では直前のジャーナリストの発言と合いませんし、⑥では Claudia の答えとうまくつながりません。したがって正解は④です。

(5) Claudia の応答は「気張りすぎずに服を着て、それでいてエレガントな雰囲気をたたえていることね。私のまわりにはそういう女性がたくさんいるわ」というものです。直前の Claudia の応答ではパリの女性が話題になっていましたから、ジャーナリストの質問がパリの女性たちのあり方に関するものであっただろうと推測できます。したがって、文脈に合う質問は⑥「あなたにとってパリのスタイルとはどういうものですか」だと容易にわかるでしょう。

解 答　(1) ②　　(2) ⑦　　(3) ③　　(4) ④　　(5) ⑥

6

　これも長文問題ですが、いわゆる内容一致形式の問題です。かなりの長さの文章について7つの文があたえられています。この短文はおおよそ問題文の展開に沿って並べられています。それぞれの文について、問題文の内容に一致している場合は解答用紙の該当箇所の①を、一致しない場合は②を塗りつぶします。配点14。

　7つの文にあらかじめ目を通しておいてから問題文を読むと、その理解の助けになるだけでなく、一致・不一致の見当もつきます。7つの文が一致しているかどうかの判断の基準になる箇所がこまかい点である場合もあり、いささか引っかけ的になっていることもありえますから、注意して文章を読む必要があります。本文の1文のなかに複数の短文に対応する情報がふくめられている場合もあれば、逆に本文の複数の箇所を総合して判断しないと短文の正誤がわからない場合もあります。本文の内容を、細部にまで気を配って、最後まで正確に把握するようにしてください。

　選択式であるため得点率は例年かなり高くなっています。10-14年度の平均は80％です。

　最近出題された以下の実例を実際の試験のつもりで解いてみてください。解答したあとで 解　説 と 解　答 を参考にしながら自分の理解が正確だったかどうかを確認してみましょう。 解　説 のなかでは、問題文や短文のなかで使われている表現に適宜、補足的な説明をくわえてありますので語彙をふやすのに役立ててください。

練習問題 1

次の文章を読み、右のページの (1) 〜 (7) について、文章の内容に一致する場合は解答欄の①に、一致しない場合は②にマークしてください。（配点 14 ）

　Carla, Simone, Maria, Alessandro, Laura, Marco, Emanuela et Alessia sont devenus célèbres... grâce à leurs rides ! Ces huit frères et sœurs de la famille Paganelli, qui vivent en Sardaigne*, sont entrés dans l'histoire car l'addition de leurs âges s'est élevée le 1er juin 2013 au total exceptionnel de 730 années et 205 jours. Ce chiffre leur permet ainsi d'obtenir le record mondial de longévité**.

　Leurs secrets ? Rien de plus simple ! D'abord, une nourriture saine. Alessandro, 89 ans, affirme : « Nous respectons un régime équilibré : beaucoup de légumes, surtout de la soupe de tomates, peu de viande, et deux verres de vin rouge par jour. » Ensuite, des activités physiques. Simone, 101 ans, va à l'église tous les matins. Alessandro travaille dans un bar de la ville. Carla, l'aînée des huit Paganelli, regarde avec un œil critique les jeunes gens : « De mon temps, les femmes devaient s'occuper des tâches ménagères et en particulier aller à la rivière chercher de l'eau pour laver le linge. Mes petits-enfants ont maintenant une machine à laver et un lave-vaisselle mais ils disent sans cesse qu'ils sont fatigués. Je ne comprends pas. »

　Les Paganelli ne sont pas des cas à part en Sardaigne. Ses habitants sont en effet connus pour leur longévité : cette île de la Méditerranée a un des records mondiaux avec une moyenne de 22 personnes de 100 ans ou plus pour 100 000 habitants.

*Sardaigne：サルデーニャ（イタリアの島）
**longévité：長寿

(1) Les Paganelli sont au deuxième rang dans le monde pour leur longévité.

(2) Comme légumes, les Paganelli ne prennent que des tomates.

(3) Les Paganelli ont cessé de travailler.

(4) Carla a déjà plus de 100 ans.

(5) Selon Carla, il est étrange que ses petits-enfants se plaignent de leur fatigue.

(6) La Sardaigne est réputée pour la longévité de ses habitants.

(7) En Sardaigne, il y a 22 habitants qui ont 100 ans ou plus.
(13 春)

解説 以下、正誤が問われている問題の文を順に確認しながら、本文の内容と一致しているか見ていきましょう。

(1) Les Paganelli sont au deuxième rang dans le monde pour leur longévité.「Paganelli 家の人々は長寿世界第 2 位である」という文です。本文第 1 段落第 2 文と第 3 文で Paganelli 家の兄弟姉妹が年齢の合計で長寿世界一になったと明記されていますから、本文の内容に一致しません。正誤は

容易に答えられるでしょう。

　(2) Comme légumes, les Paganelli ne prennent que des tomates.「Paganelli 家の人々は野菜ではトマトしか食べない」という文です。本文第 2 段落冒頭にある Alessandro のことばのなかに、Paganelli 家の人々が「バランスのとれた食事に気をつけている」こと、「たくさんの野菜を」食べていることが明記されています。野菜の例としてトマトスープがあげられているにすぎませんから、短文は本文の内容に一致しません。

　(3) Les Paganelli ont cessé de travailler.「Paganelli 家の人々はもう働いていない」という文です。第 2 段落第 7 文に「Alessandro は町のバールで働いている」と述べられていますから、本文の内容に一致しません。cesser de + inf.「〜するのをやめる」の意味さえまちがえなければ、容易に答えることができるでしょう。

　(4) Carla a déjà plus de 100 ans.「Carla はすでに 100 歳を超えている」という文です。第 2 段落第 6 文で Simone が 101 歳であると述べられており、第 8 文に Carla が Paganelli 家 8 人兄弟姉妹のうちの最年長であることが記されています。つまり Carla は Simone より年長ですから、100 歳を超えているわけです。

　(5) Selon Carla, il est étrange que ses petits-enfants se plaignent de leur fatigue.「Carla によれば、彼女の孫たちが疲れたと愚痴をこぼすのはおかしい」という文です。第 2 段落の最後に Carla のことば「私の孫たちは洗濯機と食器洗い機をもっているのに、しじゅう疲れたと言っている。私には理解できない」が引用されています。したがって、短文は本文の内容に一致します。

　(6) La Sardaigne est réputée pour la longévité de ses habitants.「サルデーニャは住民が長命なことで有名である」という文です。これは第 3 段落第 2 文 Ses habitants sont en effet connus pour leur longévité [...]. を少し言いかえただけですから、本文の内容に一致しています。

　(7) En Sardaigne, il y a 22 habitants qui ont 100 ans ou plus.「サルデーニャでは、100 歳以上の人が 22 人いる」という文です。本文第 3 段落の最後に「地中海のこの島では 100 歳以上の人が平均で 10 万人につき 22 人いる」と述べられています。本文はあくまで割合を示しているだけで、実際にサルデーニャに 22 人の 100 歳以上の人がいると言っているわけではありません。出題時にはその点をまちがえた受験者が半数以上いました。

[I] 1次試験の傾向と対策　筆記試験 6

　正誤問題の場合、数字の部分だけに注目するのでは十分ではありません。この本文の場合、une moyenne de 22 personnes [...] pour 100 000 habitants という表現を注意深く読み、女性名詞 moyenne「平均」、割合を示す前置詞 pour「〜につき」を見おとさないようにしましょう。

解　答　(1) ②　　(2) ②　　(3) ②　　(4) ①　　(5) ①　　(6) ①
　　　　　(7) ②

練習問題 2

　クジラ（baleine）に関する次の文章を読み、右のページの(1)〜(7)について、文章の内容に一致する場合は解答欄の①に、一致しない場合は②にマークしてください。（配点 14）

　Au bord de la mer en Californie, deux hommes qui avaient plongé dans l'eau et qui filmaient* des poissons rares ont failli être avalés par une baleine.

　Ils filmaient sous l'eau lorsqu'ils se sont retrouvés au milieu d'une énorme masse de poissons. Une baleine se promenait dans l'eau à la recherche de son déjeuner. La reine de la mer, qui n'avait probablement pas fait attention aux hommes, a ouvert ses immenses mâchoires** pour avaler le plus de poissons possible. C'est ainsi qu'elle a aussi failli avaler au passage les deux hommes. Ils ont eu vraiment peur et ils ont été contents de ne pas finir dans le ventre d'une baleine.

　La baleine, animal immense mais sans danger pour l'homme, se nourrit principalement de petits poissons. Autrement dit, la baleine aurait sans doute immédiatement recraché*** les deux hommes si par erreur elle les avait avalés... Mais ceux-ci sont certainement bien satisfaits de n'avoir pas eu à le vérifier !

*filmer：撮影する
**mâchoire：あご
***recracher：（口に入れたものを）吐き出す

[I] 1 次試験の傾向と対策　筆記試験 6

(1) Les deux hommes étaient sur un bateau quand ils ont rencontré une baleine.

(2) Les deux hommes filmaient des poissons peu communs.

(3) Une masse de poissons a entouré les deux hommes qui filmaient.

(4) La baleine a avalé les deux hommes.

(5) Les mâchoires de la baleine étaient grandes ouvertes pour avaler son repas.

(6) La baleine a recraché les deux hommes.

(7) Les deux hommes voulaient vérifier si les baleines recrachent les êtres humains.

(14 春)

解説　以下、正誤が問われている問題の文を順に確認しながら、本文の内容と一致しているか見ていきましょう。

(1) Les deux hommes étaient sur un bateau quand ils ont rencontré une baleine.「そのふたりの男が船上にいたとき、クジラに遭遇した」という文です。本文第 1 段落で、ふたりの男が「海にもぐってめずらしい魚たちを撮影していた」とありますから、本文の内容に一致しないことはすぐにわかるでしょう。

この短文の最初で Les deux hommes と定冠詞が使われているのは、すでに話題になった「そのふたりの男」という意味だからであることは確認しておくとよいでしょう。本文冒頭では冠詞がなく、deux hommes と言われていることと対比させて、自分で数詞を使う場合に、冠詞の有無に注意するこ

69

とをおすすめします。
　この短文でもう1点注目すべきことは、主節に直説法半過去が使われ、quandでみちびかれる従属節に複合過去が使われている点です。この場合、文の主要な内容は、突発的な出来事を表わす従属節に移っていると説明されます（朝倉季雄著『新フランス文法事典』、白水社、2002年、439ページ）。したがって「〜のとき」はむしろ主節の部分の訳に対応するわけです。短い文でも具体的に状況を思い描くようにしてみましょう。
　(2) Les deux hommes filmaient des poissons peu communs.「そのふたりの男は希少な魚たちを撮影していた」という文です。本文の第1段落で「海にもぐってめずらしい魚たちを撮影していた」ことはすでに見たとおりですので本文の内容に一致することは容易にわかるはずです。ところが出題時にはcommun「ふつうの」という形容詞だけに注目してpeu「あまり〜ではない」を見おとしたためか、あるいはpeuをun peu「少しは〜」と混同したためか、3割以上の受験者が内容に一致しないと思い込んでしまいました。こまかい点を見おとさないよう、文章は注意深く読みましょう。
　(3) Une masse de poissons a entouré les deux hommes qui filmaient.「撮影していたふたりの男を魚の群れがとりかこんだ」という文です。本文第2段落の第1文でIls filmaient sous l'eau lorsqu'ils se sont retrouvés au milieu d'une énorme masse de poissons.「彼らが海中で撮影していたとき、魚の巨大な群れのただなかに身を置くことになった」と言われていますから、本文の内容に一致します。
　この本文の文も、(1)で見たのと同じタイプで、主節に直説法半過去が使われ、lorsqueでみちびかれる従属節に複合過去が使われていることに気づいたでしょうか。また、動詞se retrouverが「(ある状態に)突然おちいる」という意味で使われていることにも注目しておくとよいでしょう。
　(4) La baleine a avalé les deux hommes.「クジラはそのふたりの男を飲みこんだ」という文です。本文第2段落の第4文で、人間に気づかずに魚を飲みこもうとして大きく口をあけたため、C'est ainsi qu'elle a aussi failli avaler au passage les deux hommes.「こうしてクジラはそのときふたりの男を飲みこみそうになった」と書かれていることとくらべると、内容に一致していないことはわかるでしょう。
　『ラルースやさしい仏仏辞典 Niveau 1』のfaillirの項をひくと、この動詞が日常的には複合過去でしか使われないこと、« J'ai failli tomber. »が« Je

suis presque tombé. » と言いかえられることなどが説明されています。

(5) Les mâchoires de la baleine étaient grandes ouvertes pour avaler son repas.「餌を飲みこむために、クジラの口は大きく開かれていた」という文です。本文第2段落で、クジラが「できるだけ多くの魚を飲みこむために、その巨大な口をあけた」ことは(4)で見たとおりですので、本文の内容に一致することは容易にわかるでしょう。

『ラルースやさしい仏仏辞典 Niveau 1』の grand の項をひき、grand ouvert の性数一致についてどう説明されているか確認してみましょう。合わせて、派生語の動詞 agrandir と grandir のちがいがきちんと理解できているかにも注意してみることをおすすめします。

(6) La baleine a recraché les deux hommes.「クジラはそのふたりの男を吐き出した」という文です。第3段落第2文には la baleine aurait sans doute immédiatement recraché les deux hommes「クジラはおそらくすぐにそのふたりの男を吐き出したであろう」という節がありますが、そこでは条件法過去が使われていて、si par erreur elle les avait avalés「もしうっかり飲みこんだとしても」という、過去に関する仮定を表わす従属節がつづいていることを見おとさなければ、この箇所の内容と短文が一致しているとは思わないでしょう。とはいえ出題時には3割近い受験者がまちがっていました。文章を読む際には動詞の法、時制に気をつけましょう。

(7) Les deux hommes voulaient vérifier si les baleines recrachent les êtres humains.「クジラが人間を吐き出すものかどうか、そのふたりの男は確かめたかった」という文です。本文の最後に ceux-ci sont certainement bien satisfaits de n'avoir pas eu à le vérifier !「彼らは、そのこと（前述の「もしうっかり飲みこんだとしても、クジラはおそらくすぐにそのふたりの男を吐き出したであろう」ということ）を確かめる必要がなくて、たいへん喜んでいるはずだ」とありますから、短文は本文の内容に一致しません。

解 答 (1) ②　(2) ①　(3) ①　(4) ②　(5) ①　(6) ②
(7) ②

7　対話体の問題文に 5 つの空欄が設けられています。それぞれについて 4 つの選択肢があたえられています。適切なものを選び、解答用紙の該当箇所の正しい番号を塗りつぶす問題です。配点 10。

　筆記試験 5 と同じく対話体の問題ですが、筆記試験 5 が質疑応答の質問のほうを選ぶ問題であるのに対し、筆記試験 7 はやりとりのなかの文、あるいは文の一部が空欄になっています。話の展開に関係する選択肢もありますが、多くは会話のなかでよく使われる慣用的な表現です。たとえば
　　① Ça suffit　　② Ce n'est rien　　③ Pas possible　　④ Tant pis
　　① Allons-y　　② Ça alors　　　　③ Ça va　　　　　④ Disons
のような選択肢です。

　とはいえ、会話の展開を追っていくのは意外にむずかしい場合もあり、10-14 年度の平均得点率は 71％と、筆記試験 5（平均得点率 77％）より低い数字になっています。

　会話でよく使われる表現を、そのニュアンスとともにしっかり覚え、自分でも使いこなせるようにしておくとよいでしょう。たとえば『ラルースやさしい仏仏辞典 Niveau 1』の例文を熟読し、用法の説明を何度も読み返すのが効果的です。

　以下にあげた実際の問題を解くことで、対話体の自然な流れを作れるように空欄をうめる練習をしてみましょう。それぞれの空欄に入るべき語句を選んだあと、対話文全体を通して読みなおしてみると、それぞれの前後関係が適切であるかどうか確認できるでしょう。空欄はその前の部分だけでなく、そのあとの部分ともきちんとつながっている必要があるからです。

| 練習問題 1 |

　次の対話を読み、(1)～(5)に入れるのにもっとも適切なものを、それぞれ右のページの①～④のなかから1つずつ選び、解答欄のその番号にマークしてください。（配点 10）

Paulette : Eh, où vas-tu, Pauline ? Tu ne me dis pas bonjour ?
Pauline : Oh, (　1　), Paulette, je ne t'avais pas vue.
Paulette : Mais qu'est-ce que tu as ? Tu as mauvaise mine. Es-tu malade ?
Pauline : Oui, j'ai mal aux dents. C'est pour aller chez le dentiste que je cours comme ça. Et toi, tu vas bien ?
Paulette : (　2　) J'ai de la fièvre depuis huit jours.
Pauline : (　3　) As-tu vu le médecin ?
Paulette : 38,5. Mais je n'ai pas encore eu le temps d'y aller.
Pauline : Oh là là, ton cas est beaucoup plus grave que le mien. Même si tu es occupée, il faut que tu ailles chez le médecin. J'en connais un dans le quartier. C'est celui de ma fille. Viens avec moi.
Paulette : Non, ça va, ne t'inquiète pas. (　4　), je dois faire des courses, mon réfrigérateur est vide.
Pauline : Si tu n'y tiens pas, je n'insiste pas. (　5　), bonne journée, Paulette.
Paulette : À bientôt, Pauline.

(1) ① à tout à l'heure
    ② au revoir
    ③ excuse-moi
    ④ excuse-toi

(2) ① Ça dépend.
    ② Je ne sais pas.
    ③ Pas trop bien.
    ④ Que dis-tu ?

(3) ① Depuis quand ?
    ② Moi aussi.
    ③ On est le combien ?
    ④ Quelle est ta température ?

(4) ① Au contraire
    ② Au fond
    ③ D'ailleurs
    ④ Sinon

(5) ① Allez
    ② Allons
    ③ Va-t'en
    ④ Viens

(13 春)

解説　対話文の流れを追いながら、各設問のポイントを見ていきましょう。
　(1) Paulette に「ちょっと、どこへ行くのよ、Pauline。私にあいさつもし

［Ⅰ］１次試験の傾向と対策　筆記試験 7

てくれないの？」と言われ、Pauline がどう答えたのかが問題です。（　1　）につづく発言 (je ne t'avais pas vue) から、Pauline は Paulette に気づいていなかったことがわかります。その場を立ち去るときに使う ① à tout à l'heure「またあとで」、別れをつげる ② au revoir「さようなら」、相手に謝罪を求める ④ excuse-toi「謝ってよ」は、いずれも文脈に一致しません。③ excuse-moi「ごめんね」が正解です。

(2) 歯痛のために歯医者に行こうとしている Pauline に「あなたは元気なの？」と尋ねられた Paulette の返答が（　2　）の部分で、そのあとに「1週間前から熱があるの」とつづいています。したがって、① Ça dépend.「場合によるわ」、② Je ne sais pas.「わからない」、④ Que dis-tu ?「何言っているの」は適切ではなく、③ Pas trop bien.「あんまりよくないの」が正解です。

(3) 第 3 の空欄につづいて「お医者さんには行ったの？」という質問がなされ、Paulette の返答は「38.5 度。でもまだ行く時間がないのよね」ですから、第 1 の質問は体温に関するものだとすぐにわかるでしょう。したがって ④ Quelle est ta température ?「熱は何度あるの？」が正解です。① Depuis quand ?「いつから？」、② Moi aussi.「私も」、③ On est le combien ?「きょうは何日かしら」はいずれも文脈に合いません。

(4) 近所の医者に連れていってあげるという Pauline の申し出を「いいえ、大丈夫。心配しないで」と Paulette は断ります。（　4　）につづいて「買い物をしないといけないのよ。冷蔵庫がからっぽなの」と彼女は言っています。空欄をうめるには ① Au contraire「反対に」、② Au fond「結局のところ」、④ Sinon「さもなければ」ではなく、補足的な事柄を付け加えるときに使う ③ D'ailleurs「それに」がふさわしいものです。

これは文章のつなぎの短い表現を選ぶ問題ですが意外に手ごわかったようで、出題時には半数近くの受験者がまちがっていました。選択肢で使われている表現を『ラルースやさしい仏仏辞典 Niveau 1』の ailleurs、contraire、fond、sinon の項で確認してみましょう。それらの項目に載っている例文（« Si tu ne peux pas être là à 5 heures, viens plus tard ; d'ailleurs, la réunion ne commencera pas avant 5 heures et demie. » « Mais non, Jean n'est pas fatigué, au contraire, il est en pleine forme. » « Plus je réfléchis, plus je me dis qu'au fond c'est peut-être lui qui avait raison. » « Dépêche-toi, sinon tu vas être en retard. » など）と解説を熟読すると、用法を正確に

75

理解する助けになることでしょう。

⑸ Pauline は（　5　）のあと「よい 1 日を」とつづけています。正解は ① Allez「じゃあ」です。② Allons「さあ」も似ている表現ですがここではうまくつながりませんし、③ Va-t'en「あっちに行け」、④ Viens「おいで」も文脈に合いません。

　間投詞的に用いられる allez は、親しい間柄で tutoyer している相手に対しても使われます。この場合のように別れのあいさつに先立って使われるほか、「ほら」とうながすときにも使われます。『ラルースやさしい仏仏辞典 Niveau 1』の aller の項には例文として « Allez, viens, ne fais pas d'histoires ! » が載っています。この用法は受験者になじみがあまりなかったようで、出題時には 6 割以上の受験者がまちがっていました。

解　答　⑴ ③　　⑵ ③　　⑶ ④　　⑷ ③　　⑸ ①

| 練習問題 2 |

次の対話を読み、(1)～(5)に入れるのにもっとも適切なものを、それぞれ右のページの①～④のなかから1つずつ選び、解答欄のその番号にマークしてください。(配点 10)

Gilles : C'est vrai que tu pars au Japon ?
 Ugo : Oui ! J'ai gagné un voyage de deux semaines à Tokyo. (　1　) ?
Gilles : Non. Mais ce n'est pas grave. En tout cas, tu vas pouvoir tenir ta promesse.
 Ugo : (　2　) ?
Gilles : Quoi ! Tu as oublié ? Toi et moi, on adorait regarder ensemble les émissions japonaises. On rêvait de visiter ce pays un jour. Et qu'est-ce qu'on s'était dit ?
 Ugo : Je ne vois vraiment pas... (　3　) ?
Gilles : On s'était promis : « Celui qui pourra partir au Japon en premier rapportera à l'autre un vrai sabre* traditionnel. »
 Ugo : (　4　) ! Je me rappelle maintenant ! Mais... tu sais, il n'y a plus de *samouraï* depuis longtemps... De toute façon, ce n'était qu'un jeu d'enfants !
Gilles : (　5　) ! Enfants ou pas enfants, c'est une promesse quand même. Il faut la tenir !

*sabre：刀

(1) ① Ça te va
    ② C'est exact
    ③ Je ne te l'ai pas dit
    ④ Tu me l'as demandé

(2) ① Avec quoi
    ② Par quel moyen
    ③ Pour quelle heure
    ④ Quelle promesse

(3) ① Comment ça se dit
    ② De quoi tu parles
    ③ Pourquoi pas
    ④ Qu'est-ce que tu fais

(4) ① Allez
    ② Ça y est
    ③ Dis-moi
    ④ Encore

(5) ① Ils ont tort
    ② Ils sont partout
    ③ Tu as raison
    ④ Tu plaisantes

(14 秋)

解 説 対話文の流れを追いながら、各設問のポイントを見ていきましょう。

(1)「君が日本に行くことになったって、本当？」と聞かれた Ugo が、そ

れを肯定して東京に 2 週間滞在できる旅行にあたったと言ったあとに何と質問したかが（　1　）という空欄で問われています。Ugo の質問に対して Gilles が「いいや。でもそれはたいしたことじゃないよ」と答えていることにも留意して選択肢を見ると、① Ça te va「君にとってつごうはいいかい」、② C'est exact「そのとおりかな」、④ Tu me l'as demandé「君はそのことをぼくに尋ねたかい」では会話の流れに合いません。③ Je ne te l'ai pas dit「そのことを君に言わなかったっけ」がもっとも適切であることは容易にわかるでしょう。

(2)「いずれにせよ、これで約束が守れるね」と言われた Ugo が聞き返したことが（　2　）の部分です。それに対して Gilles が「何だって！忘れたの？」と言っていることから、① Avec quoi「何を使って」、② Par quel moyen「どんな方法で」、③ Pour quelle heure「何時に」がいずれも適切ではなく、④ Quelle promesse「どんな約束だっけ」が文脈に合うことはわかるでしょう。

(3) 日本のテレビ番組を見ることが好きで、いつか日本に行ってみたいねと子どものころ話していたと Gilles は説明し、Et qu'est-ce qu'on s'était dit ?「それで、ぼくたちは何て言っていたんだっけ」と尋ねますが、Ugo は「本当にわからないんだ…」と言っています。それにつづく（　3　）にふさわしいのは、① Comment ça se dit「それはどう言うの」、③ Pourquoi pas「それもいいね」、④ Qu'est-ce que tu fais「何をしているの」ではなく、② De quoi tu parles「何の話をしているの」です。

出題時には se dire という動詞が本文にも使われていることにつられたためか、① を選んだ受験者が多く見られました。本文中では「（複数の人が）互いに～と言う」の意味で、選択肢のほうは「（言い回しなどが）～と言われる」の意味ですから、同じ代名動詞でも用法がことなります。

『ラルースやさしい仏仏辞典 Niveau 1』の dire の項をひくと、後者の例文として « Ne dis pas ça, c'est un gros mot, ça ne se dit pas. » が載っています。代名動詞のもうひとつの用法「（自分自身に）～と言う、考える」も « Je ne vous ai pas écrit parce que je me suis dit que j'arriverais avant ma lettre. » という例文とともにあげられています。それぞれの使い方が身についているか確認してみましょう。

(4) Gilles が「最初に日本に行くほうが本物の刀をもうひとりにもってくる」と子どものころ約束したんだと説明すると、Ugo は（　4　）につづいて「いま思い出した！」と言っていますから、空欄にふさわしいのは首尾よ

くことが運んだときなどに口にする表現である② Ça y est「よし」です。ほかの選択肢は① Allez「ほら、じゃあ」、③ Dis-moi「教えてよ」、④ Encore「またか」のいずれも文脈に合わないことはすぐにわかるでしょう。

『ラルースやさしい仏仏辞典 Niveau 1』の y の項で ça y est は « *Ça y est* s'emploie pour indiquer qu'une action est accomplie, terminée et appartient à la langue courante. » と説明されています。« Alors tu es prêt ? — Ça y est, j'arrive ! » « Allez ! ça y est, c'est fini, ne pleure plus. » という例文とともに使い方を確認しておきましょう。

(5) もう本当の侍はいないのだし、約束なんて子どもの遊びにすぎなかったと言う Ugo に対して Gilles が「子どもであろうとなかろうと、約束であることには変わりがないんだから守るべきだよ」と言う前に（　5　）があります。この空欄にふさわしいのは④ Tu plaisantes「冗談だろう」です。① Ils ont tort「彼らはまちがっている」、② Ils sont partout「彼らはあちこちにいる」では話がずれていますし、③ Tu as raison「君の言うとおりだね」では矛盾してしまいます。

解　答　(1) ③　　(2) ④　　(3) ②　　(4) ②　　(5) ④

書き取り試験

　書き取り dictée は実用フランス語技能検定試験ならではの問題です。2 級の書き取りは配点 14 点ということでもわかるとおり重視されています。フランス語の総合的な能力がためされるのですから当然と言えるでしょう。10-14 年度の平均得点率は 49％ でした。

　2 級の書き取りでは全文が 4 回読まれます。はじめの 2 回はふつうの速さで読まれるので、メモを取りながら全体の大意をつかむようにしましょう。3 回目で書き取りをおこないますが、そのときは意味のうえでまとまりのある語句ごとにポーズがおかれますから、あわてずに書いていきましょう。最後にもう 1 回ふつうの速さで全文が読まれるので、書き取った文章を見なおしてください。

　書き取りでは、まず第 1 に聴取能力がためされます。どんな言語も母音と子音の連鎖です。その言語を知らない人は、それぞれの言語に特徴的なリズムとイントネーションを感じ取ることはできるでしょうが、意味を理解することはできません。訓練を重ねると単なる音の連鎖が分節化され、意味をもった単位の連鎖として聞き取れるようになるのです。

　次に、この意味をもった単位を正しいつづりで書く能力がためされます。ここでは語彙と形態（モルフォロジー）、構文（統語、シンタックス）の知識を動員することが必要になります。もちろん正しい語彙、形態、構文で書き取るためには、読まれる問題文の意味が理解されていなければなりません。それが不明なままでは対処のしようがありません。つねに問題文の論旨と関連させながら、それにふさわしい語彙、形態、構文を推測していきます。

　すでに「傾向と対策」冒頭（13 ページ）でも述べましたが、ほかの記述問題にも共通している次の 2 点は基本的な常識として守りましょう。

　⑴ 文頭は**大文字**で始める。
　⑵ **アクサン**は明確に書く（傾斜の向きがあいまいにならないようにする。アクサン・シルコンフレックスをはっきり屋根型にする）。

　書き取りにおいてとくに注意すべき点としては、次の 3 点があります。
　　　リエゾン (un *an*cien ministre)

アンシェヌマン (u*ne é*cole)
　　　エリジヨン (Je sais *qu'*elle *t'*en a parlé)
　また、念のために付け加えますが、書き取りの約束事にも注意しましょう。
⑴「改行」の指示は « à la ligne » と言われます。
⑵ 各種の句読点 (signes de ponctuation) も指示されます。句読点には次のようなものがあります。2級ではそれほど複雑な句読点は使用されませんから、基本的なもの (point、virgule、point d'interrogation) を確実におさえておきましょう。

　　　.　　point
　　　,　　virgule
　　　?　　point d'interrogation
　　　;　　point-virgule
　　　:　　deux-points
　　　!　　point d'exclamation
　　　...　　points de suspension
　　　—　　tiret

言うまでもなく、« deux-points » と聞こえたら : を記すのであって、文字で deux-points と書いてはいけません。
　引用符とカッコの指示も知っておくとよいでしょう。引用符 (guillemets) の指示は次のようになされます。指示されたとおりの向きで書きましょう。

　　　«　　Ouvrez les guillemets
　　　»　　Fermez les guillemets

同様に、カッコ (parenthèse) の指示も次のようになされます。

　　　(　　Ouvrez la parenthèse
　　　)　　Fermez la parenthèse

CD に録音されている以下の練習問題に挑戦してみてください。注意事項を読んでから指定された順序で録音を聞き、実際の試験のつもりで見なおしの時間を3分とってください。解いてみたあとに 解　説 と 解　答 を参考にして採点してみましょう。

［I］1次試験の傾向と対策　書き取り試験

> [練習問題 1]

書き取り試験
　　注意事項
　　　Colette についてのフランス語の文章を、次の要領で 4 回読みます。全文を書き取ってください。
　　・1 回目、2 回目は、ふつうの速さで全文を読みます。内容をよく理解するようにしてください。
　　・3 回目は、ポーズをおきますから、その間に書き取ってください（句読点も読みます）。
　　・最後に、もう 1 回ふつうの速さで全文を読みます。
　　・読み終わってから 3 分後に、聞き取り試験に移ります。
　　・数を書く場合は、算用数字で書いてかまいません。（配点 14）
　　　　　　　　　　　　　　　　　　　　　　　　　　（11 春）

〈CD を聞く順番〉　◉❶ ⇨ ◉❶ ⇨ ◉❷ ⇨ ◉❶

> [解　説]　全体にさほどむずかしくない文章でしょうが、読まれる順に注意のポイントを見ていきましょう。

　第 1 文には、書き取りでよく出される数字 85 ans があります。数字は単独で聞き取るだけではなく、名詞との組み合わせで発音される場合も正しく聞き取れるように練習する必要があります。年齢を言う場合の an(s)、時間や時刻を言う場合の heure(s)、値段を言うときの euro(s) は要注意です。

　同じ文の後半にある en s'appuyant は出題時には受験者が苦労したところです。代名動詞 s'appuyer のジェロンディフですが、この動詞を知らなければ書き取ることは不可能でしょう。とっさに思い出せなかった受験者は en s'*appuiant*、en *sa puient* などと書いていました。

　『ラルースやさしい仏仏辞典 Niveau 1』の appuyer の項をひき、例文と解説をよく読み、さらにイラストを見ながらどういうキャプション（légende）がふさわしいか想像してみましょう。キャプションの例として « Il ne fallait pas appuyer sur ce bouton, ça a fait démarrer l'appareil. » « Il s'appuie sur sa pelle. » という文が同書 882 ページに載っています。

　第 2 文では、まず qu'elle の部分に注目してみましょう。前置詞 depuis があとに節をつづける場合には depuis que という接続詞句になるという知識

があればさほどむずかしくないでしょうが、それを思い出さないと、この部分を空白のままにしたり、elle だけ書いたりという誤答になってしまいます。文の構造をよく考えて聞き取ったものを文字にする必要があるという原則は再確認しましょう。

　同じ文の s'est cassé はまちがえやすい箇所です。過去分詞を *cassée* とした受験者が出題時には多くいましたが、代名動詞の過去分詞の一致に関する規則が頭に入っていない場合には、文法書で再確認しましょう。ここでは後続の la jambe が直接目的語ですから再帰代名詞は間接目的語になり、過去分詞の一致はおこりません。たしかにフランス語を母語にする人でもまちがいやすい事項ではありますが、規則にしたがえばさほど苦労せずに正しい形は書けるでしょう。

　第 3 文では冒頭の Son espace が正しく書けるでしょうか。文頭ですから Son と大文字で始める必要があることを忘れてはいけません。出題時には espace のつづりをまちがえて *éspace*、*èspace*、*espase* などと書いた受験者が少なくありませんでした。espèce という単語と混同してアクサン記号をつけてしまったのでしょうか。

　この機会に『ラルースやさしい仏仏辞典 Niveau 1』の espace と espèce の項を合わせて読んでおくとよいでしょう。たとえば « En l'espace de dix minutes, il a trouvé le temps de me raconter pratiquement toute sa vie. »　« Tu as vu cet espèce de fou qui double en côte ! » といった例文を正しく理解できますか。

　同じ第 3 文にある dépasse も意外につづりをまちがえやすい単語でしょう。出題時にはアクサン記号を忘れた受験者や、*dépace*、*dépase* などのつづりを書いた受験者が多くいました。

　第 4 文では boulangerie のつづりは正しく書けるでしょうか。l と r をまちがえないように書くという注意が必要ですし、鼻母音を正しく an と書き、*boulengerie*、*boulongerie* などと書かないという配慮も要求されます。

　同じ文の se trouvent は se *trouve* と書いてはいけません。たしかに音は同じですが、文の構造をよく見なおせば、主語の数と動詞の数を一致させて、この場合には複数形が要求されることがすぐにわかるでしょう。書き取りの場合、音を聞いてそれに合うと思われるつづりを書くだけで満足しないで、書いた文章を見なおしてきちんとした文章になっているか確認する習慣をつけましょう。

第5文では fils aîné がやっかいな箇所かもしれません。fils のつづりはさほどむずかしくないでしょうが、形容詞 aîné は出題時にはほとんど正解答案がなかったものです。アクサン記号（とくにアクサン・シルコンフレックス）をまちがえた受験者が多くいたほか、*est né* と書いた受験者が多数いました。aîné と est né の音はたしかに似ていますが、文の構造と意味から考えてこの位置に入る可能性はありません。書き取った文章を見なおすことがここでも必要でしょう。

　同じ文の後半にある la voir は、*l'avoir* と書かないように注意すべきところでしょう。文脈を考えればさほど迷わないでしょうが、機械的に書き取ってしまうとまちがえるかもしれません。

[解答（読まれる文）] Colette, 85 ans, marche doucement, en s'appuyant sur son parapluie. Depuis qu'elle s'est cassé la jambe il y a six mois, elle ne peut pas aller très loin. Son espace de vie ne dépasse pas 300 mètres. Heureusement, la boulangerie, le marché et la pharmacie se trouvent dans ces limites. Les trois enfants de son fils aîné viennent la voir très souvent. C'est son plus grand plaisir.

練習問題 2

書き取り試験

注意事項

フランス語の文章を、次の要領で 4 回読みます。全文を書き取ってください。
- 1 回目、2 回目は、ふつうの速さで全文を読みます。内容をよく理解するようにしてください。
- 3 回目は、ポーズをおきますから、その間に書き取ってください（句読点も読みます）。
- 最後に、もう 1 回ふつうの速さで全文を読みます。
- 読み終わってから 3 分後に、聞き取り試験に移ります。
- 数を書く場合は、算用数字で書いてかまいません。（配点 14）

(13 秋)

〈CD を聞く順番〉　◉ ❸ ⇨ ◉ ❸ ⇨ ◉ ❹ ⇨ ◉ ❸

解説　この問題も内容はさほどむずかしくありませんが、実際に書いてみると意外に手ごわい問題です。第 1 文から順に見ていきましょう。

　第 1 文は複合過去で書かれた 1 人称の文です。冒頭の Je suis arrivée がポイントです。もちろん自動詞 arriver の複合過去で、助動詞に être が用いられていますので、過去分詞は主語と性数一致します。録音しているのが女性ですし、第 3 文の Nous étions toutes les trois [...]「私たちは 3 人とも〜」において toutes が女性形複数になっていることからも、deux copines「ふたりの女友だち」といっしょにいた「私」が女性であることがわかります。出題時には *arrivé* と書いた受験者が多くいました。記述式問題において、過去分詞の性数一致は十分に注意する必要がある事項です。

　同じ第 1 文では、最後の copines のつづりをまちがえた受験者も少なくありませんでした。*copinnes*、*copins*、*copine* といった誤答が出題時には見うけられました。copine「女友だち」は copain「友だち」の女性形ですが、発音もつづりも男性形と女性形が大きくことなる語ですから、気をつけて覚えるようにしましょう。

　第 2 文では dans la matinée において、つづりを matinée ではなく *matiné*、*matiner* と書いた受験者が出題時にはいました。基本的な単語ですから、『ラ

ルースやさしい仏仏辞典 Niveau 1』の matinée の項をひき、そこに載っている例文 « Venez me voir en fin de matinée, vers 11 heures et demie par exemple. » « Je vais prendre rendez-vous chez le docteur : demain dans la matinée, ça irait ? »をとおして、この名詞が en fin de matinée、dans la matinée といった表現でよく使われることを再確認しておくとよいでしょう。

同じ第2文の後半にある nous sommes allées もまた、過去分詞の性数一致が問題になる箇所です。aller は être を助動詞にとる動詞である以上、第1文の解説で述べたとおり、この文章の語り手はふたりの女友だちと連れだってパリに来た女性ですから、allées と書かなくてはいけません。出題時には allé、allés といった性数一致をまちがえた答案が多く見られました。

第3文の核になるのは冒頭の Nous étions toutes les trois の部分です。être の半過去1人称複数 étions は、意外に書くときにまちがえやすいようで、出題時にはアクサンを抜かして etions としたり、空白のままにしたりといった受験者が少なくありませんでした。他に étudier を使って étudions、etudions といった誤答を書いた受験者もいましたが、それでは意味がとおりません。

toutes les trois は語り手をふくむ nous が女性たちであることを示す重要なポイントですが、出題時にはほとんど正解がありませんでした。tous les trois と書いた受験者が多くいました。男性形か女性形かは語尾の発音に注意すれば区別できるはずですし、単数か複数かはつづく部分 les trois に着目すれば判断できるでしょう。

『ラルースやさしい仏仏辞典 Niveau 1』の tout の項は熟読に値します。この機会にこの辞書をひき、例文と解説を熟読するとよいでしょう。発音に関する注意もそこにみつかるはずです。

同じ第3文に現れる heureuses de voir も出題時に受験者が苦戦した箇所です。形容詞の数の一致を見おとして heureuse de voir と書いてしまった受験者が多くいました。また、この形容詞が動詞の不定詞をみちびく場合には前置詞 de を使うということを思い出せなかったためか、heureuses devoir、euros devoir などと書いた受験者もいました。単語を結びつけるための前置詞は重要な役割をもっていますから、日ごろから注意して覚えておきましょう。そうすれば筆記試験 1 のような前置詞問題をたやすく解くことができるだけでなく、書き取り問題でこまかい点まで正確に書くこともできるはずです。

この第3文において、関係代名詞 que と代名詞 on がエリジョンして結合した qu'on は正しく書けているでしょうか。出題時には *quand*、*comme* といった誤答が多く見られたほか、空白の答案も散見しました。

　第4文では、冒頭の En effet は問題なく書き取れているでしょうか。この機会に『ラルースやさしい仏仏辞典 Niveau 1』の en effet の項をひき、そこにあげられている例文（« Il m'est impossible de partir en Espagne : en effet, on m'a volé tous mes papiers. » など）をよく読んでおきましょう。こういったつなぎの表現は基本的なものをしっかり身につけておく必要があります。書き取り問題で正確に書くだけでなく、自分で文章を作成する場合にも、読者や聞き手に話の流れを理解してもらうために重要な役割をはたします。

　同じ第4文では名詞 tableau の複数形 tableaux に苦労した受験者が出題時には見うけられました。eau で終わる名詞を複数形にするときは x をつけるという点を再確認しておくとよいでしょう。

　第4文の後半は関係代名詞でみちびかれる qu'on avait déjà étudiés au lycée という大過去形の節になっています。ここでも過去分詞 étudiés に注意しましょう。出題時にほとんどの受験者がまちがった箇所で、*étudié* と男性単数形にした答案が多く見られました。直接目的を示す関係代名詞 que の先行詞は tableaux ですから、関係節の過去分詞は性数一致により男性複数形にする必要があります。基本的な文法事項がこのような文の書き取りの際に重要であることは再認識してください。

　第5文では最後の peinture のつづりに気をつけてください。出題時には *painture*、*panture* といった誤答が散見しました。この機会に『ラルースやさしい仏仏辞典 Niveau 1』の peinture の項をひいてふたつの意味を例文（« Ne t'appuie pas sur ce mur, la peinture est toute fraîche ! » « Quand il a du temps libre, Alain dessine ou fait de la peinture. » など）を通して確認するだけでなく、関連する動詞 peindre の項を読み、あわせて活用形が書けるかためしてみることをおすすめします。

　最後の文においても、性数一致でつまずいた受験者が出題時には多くいました。ふたつの形容詞がここで使われていますが、最初の contentes を *contents*、*content* とした答案、第2の célèbres を *célèbre* とした答案がめだちました。

　書き取り試験においては全文を書いたあとに各語をチェックし、つづりが正しいか、文法的な観点から正確であるか、意味がとおるか、といった点を

よく検討してください。そうすることでまちがいを避けられる場合が多いでしょう。

解答（読まれる文）　Je suis arrivée à Paris hier soir avec mes deux copines. Aujourd'hui, dans la matinée, nous sommes allées au Musée d'Orsay. Nous étions toutes les trois très heureuses de voir des toiles qu'on connaît bien. En effet, ce sont des tableaux qu'on avait déjà étudiés au lycée. Pourtant, est-ce qu'on a vraiment regardé la peinture ? Non. Nous étions simplement contentes de retrouver des œuvres célèbres.

|練習問題 3|

書き取り試験
　　注意事項
　　　フランス語の文章を、次の要領で 4 回読みます。全文を書き取ってください。
　　　・1 回目、2 回目は、ふつうの速さで全文を読みます。内容をよく理解するようにしてください。
　　　・3 回目は、ポーズをおきますから、その間に書き取ってください（句読点も読みます）。
　　　・最後に、もう 1 回ふつうの速さで全文を読みます。
　　　・読み終わってから 3 分後に、聞き取り試験に移ります。
　　　・数を書く場合は、算用数字で書いてかまいません。（配点 14）

(14 春)

〈CD を聞く順番〉　　◉❺ ⇨ ◉❺ ⇨ ◉❻ ⇨ ◉❺

|解　説|　この問題も内容はさほどむずかしくありませんが、実際に書いてみると意外に手ごわい問題です。第 1 文から順に見ていきましょう。

　第 1 文は直説法半過去を用いた単純な構造の文ですが、つづりのまちがいが jolie と poupée に数多く見られました。女性名詞にかかる形容詞ですから *joli* としないように注意しましょう。

　第 2 文では l'avait offerte の箇所で、助動詞として使われている avoir の直説法半過去 avait のつづりが正しく書けなかった受験者が出題時にはいたほか（大過去にあまり慣れていないためでしょうか）、過去分詞の性数一致を忘れて *offert* とした答案が多く見られました。直接目的語の人称代名詞 l' が女性名詞 poupée をうけていることを理解し、過去分詞はそれに先行する直接目的語と性数一致するという文法の規則を思い出すことが、ここで正しいつづりを書くためには重要です。anniversaire のつづりもまちがえた受験者がいました。*aniversaire*、*anniverssaire*、*aniverssaire* などとしないように気をつけましょう。

　第 3 文では動詞 jouer の直説法半過去 jouais に苦労した受験者が出題時には多くいました。つづりをまちがえて *joueai* とした答案以外に、別の時制と混同して *joue*、*joué* などと書いたものが見られました。動詞の活用は繰

り返し手で書いて練習するほかありませんので、日ごろから意識的に訓練してください。そうすることで自然に正しいつづりが書けるようになるでしょう。

第 4 文では des histoires のところを *histoire* と書いた受験者が出題時にはいました。des は書き取れているのに、それにつづく名詞を単数にしているのは初歩的なミスでしょう。基本的な文章の作り方を思い出して、自分の書き取ったものを見なおすことでこのようなまちがいは避けられるはずです。

第 5 文では je lui apprenais の箇所がやっかいだったようです。1 人称にせずに *apprenait* とした答案や、つづりをまちがえて *apprennais*、*approné*、*appornais* などと書いた答案が出題時には少なくありませんでした。また代名詞 lui をまちがえて *vis*、*mis*、*vie* などと書いた答案もありました。前後の文脈をよく見て、人称は何が要求されているか、代名詞として何が必要かを確認すると同時に、apprendre のような p がふたつある動詞の活用を書く練習を日ごろからしておくと、このような出題のときに迷わずにすむでしょう。

第 6 文では j'ai eu のところで代名詞を大文字にしないように気をつけましょう。je が大文字になるのは文頭だけですから、このような基本的なところでミスをしてはいけません。

第 7 文では a donc été のところが意外にむずかしいようです。出題時には過去分詞 été を *étais* と書いた受験者がいたほか、donc を聞き取れずに *donné*、*donqué*、*danquer* などとした答案がありました。また、形容詞 première のつづりが正しく書けなかった受験者も散見しました。形容詞 premier の女性形は基本的な事項ですから、記憶があいまいな場合には文法書、辞書などで再確認しておきましょう。

『ラルースやさしい仏仏辞典 Niveau 1』の donc の項をひき、そこにあげられている例文（« Pierre est malade, il ne pourra donc pas venir demain. » « Vous m'avez interrompu ; je disais donc que... » など）を声に出して読み、どのような使い方があるか、それらが身についているか、確認してみることをおすすめします。このような短い単語であっても文章のつなぎとしては重要です。

第 8 文では lui a arraché の箇所で、助動詞 a を聞きおとしてしまったり、過去分詞 arraché が正しく書けなかったりした受験者が出題時には多くいて、半過去 *arrachait* にしてしまったり、つづりをまちがえて *araché*、*alaché* な

どと書いた答案がありました。文頭に Un jour「ある日」と来た段階で、何か出来事が起こったのだろう、直説法複合過去が使われるだろうと予想しながら聞くと書き取りがしやすくなるのではないでしょうか。

　第9文では形容詞 furieuse が正しく書けなかった答案が出題時にはめだちました。単語自体があまりなじみがないのかもしれませんが、そうであれば『ラルースやさしい仏仏辞典 Niveau 1』の furieux の項をひき、そこに載っている例文（« Paul est furieux d'avoir cassé ses lunettes. » « Attends de voir Marie, elle est furieuse contre toi. » など）を読んだり、解説を熟読したり、派生語 fureur を使った言いかえの文（« Pierre est tout à fait furieux → Pierre est dans une grande fureur. »）を自分でも使えるか確認したりしてみるとよいでしょう。

　最後の文では je ne lui ai pas parlé の箇所がきちんと書けたでしょうか。出題時には助動詞 ai を聞き取れなかった答案が少なくありませんでした。目的語代名詞をふくむ複合過去の否定文について、その語順がしっかり頭に入っているか確認することをおすすめします。

　また、pendant une semaine のように期間を表わす表現が過去のことを語る文で使われる場合、動詞は直説法半過去ではなく複合過去であることも再確認してください。出発点と終点がはっきりしているような場合（« de deux heures à minuit » など）も同様です。

[解答（読まれる文）] Quand j'étais petite, j'avais une jolie poupée. Mon grand-père me l'avait offerte pour mon anniversaire. Je jouais toujours avec elle. Je lui racontais des histoires. Je lui apprenais à chanter ou à danser. Comme ça, j'ai eu envie de devenir professeur. Ma poupée a donc été ma première élève. Un jour, mon frère lui a arraché le bras. J'étais furieuse et je ne lui ai pas parlé pendant une semaine.

[I] 1次試験の傾向と対策　聞き取り試験 1

聞き取り試験

1　一定の長さのテキスト（インタビュー形式であることが多い）とそれについての5つないし6つの質問をまず聞きます。テキストがもう1回流れたあと、質問がふたたび聞こえてくるので、問題冊子に提示されている答えの空欄をうめて完成する形で解答します。それぞれの空欄には1語入ります。解答はもちろん、解答用紙の該当箇所に記入します。答えを書く時間は1問につき10秒です。最後にもう1回、テキストが流れます。指示文には「数を記入する場合は、算用数字で書いてください」と書いてありますから、算用数字で書いてください。文字で書くと語数の数え方で混乱しますし、かえってまちがえてしまう可能性があります。配点8。

　記述式であるため、10-14年度の平均得点率は41％と、あまり高くはありません。

　この問題を解くときのポイントは、聞こえてくる質問に対する答えが問題冊子にあらかじめ提示されているので、その答えを読んでおくことです。そうすれば、聞こえてくるテキスト（インタビュー）と質問の内容を推測することもでき、聞き取りが楽になるでしょう。

　そういった準備をしたあと、まず1回目に聞こえてくるテキスト（インタビュー）の内容をおおづかみに聞き取るようにします。どんな状況か、登場するのはどんな人物か、何が話題になっているか、どのような出来事が語られているのか、などです。

　その内容についての質問を聞きながら、問題冊子に提示されている答えの空欄に入る解答になりそうな要素をメモしましょう。

　2回目にテキスト（インタビュー）を聞くときは、聞き取った質問の内容に焦点をしぼって、メモした解答が適切かどうか点検します。

　そして3回目のテキスト（インタビュー）を聞いて確認します。

　解答はテキスト（インタビュー）のなかで使われている語句をそのままの形で記入すればよいものが多いとはいえ、動詞や形容詞を名詞に変えるとか、逆に名詞を動詞に変える、あるいは聞いた話の一部を書きかえて答えなければならない場合もあります。

　たとえば、2008年度秋季の問題から例をあげてみます。インタビュー

のなかで、あるウォーキングを組織した Roger という人が次のように話しています。

> Je m'étais un peu inquiété de la météo, mais il a fait assez beau.

「天気予報を少し心配していましたが、けっこういい天気でした」という意味ですね。これについて次のような質問がされました。

> Dimanche dernier, de quoi Roger s'était-il inquiété avant la marche ?

「先週の日曜日、ウォーキングの前に Roger は何を心配していましたか」という意味であることはすぐにわかるでしょう。問題冊子に印刷されている答えは次のようになっていました。

> Il s'était inquiété du (　　　) qu'il ferait.

つまり、du があることから考えて、空欄には女性名詞ではなく男性名詞を入れないといけないわけです。インタビューで使われていた la météo ではないとなると何が入るでしょうか。空欄につづく qu'il ferait とともに使えるものをさがして、le temps がふさわしい、したがって空欄には temps が入るとすぐにわかるでしょうか。

インタビューの内容をいくらか言いかえる必要があるかどうかは、空欄の前後をよく見て、品詞は何が要求されているか、名詞の場合に男性名詞か女性名詞か、動詞の場合に活用形は何がふさわしいか、形容詞や過去分詞の場合に性数一致はどのようになされるべきかといったことに注意して判断しましょう。

そのような点に留意しながら、以下に取り上げた問題に挑戦してみてください。解いたあとに「読まれるテキスト」と「読まれる質問」を参照しつつ、解説 と 解答 を参考にしてください。問題のなかで使われた重要な単語や表現については補足的な説明もつけてありますので、フランス語の運用能力を高めるのに役立ててください。

[I] １次試験の傾向と対策　聞き取り試験 ①

練習問題 １

・まず、Jacques へのインタビューを聞いてください。
・つづいて、それについての５つの質問を読みます。
・もう１回、インタビューを聞いてください。
・もう１回、５つの質問を読みます。１問ごとにポーズをおきますから、その間に、答えを解答用紙の解答欄にフランス語で書いてください。
・それぞれの（　　）内に１語入ります。
・答えを書く時間は、１問につき 10 秒です。
・最後に、もう１回インタビューを聞いてください。
・数を記入する場合は、算用数字で書いてください。
（メモは自由にとってかまいません）（配点 ８）

〈CD を聞く順番〉　◎❼ ⇨ ◎❽ ⇨ ◎❼ ⇨ ◎❾ ⇨ ◎❼

(1) Quand il a pris sa (　　　), il y a une (　　　) d'années.

(2) Parce qu'il a voulu (　　　) sa jeunesse et expliquer son (　　　) à ses petits-enfants.

(3) Dans le champ de (　　　) que ses (　　　) ont repris.

(4) Sur son ordinateur, avec l'(　　　) de ses petits-enfants.

(5) Oui. Il ne (　　　) rien.

(13 春)

（読まれるテキスト）

> La journaliste : Vous avez publié un livre qui s'appelle *Ma vie de paysan*. Quand est-ce que vous avez décidé de l'écrire ?
> Jacques : Il y a une dizaine d'années, quand j'ai pris ma retraite.
> La journaliste : Et pourquoi avez-vous pris cette décision ?
> Jacques : J'ai voulu raconter ma jeunesse et expliquer mon métier à mes petits-enfants.
> La journaliste : Comment avez-vous appris le métier de paysan ?
> Jacques : J'ai arrêté l'école à 14 ans. Quand j'avais 17 ans, mes parents ont repris un grand champ de blé. J'y ai appris mon métier.
> La journaliste : Est-ce que c'était difficile de se mettre à écrire ?
> Jacques : Oui. Mais mes petits-enfants m'ont aidé à utiliser l'ordinateur.
> La journaliste : Vous êtes heureux d'avoir été paysan ?
> Jacques : Oui. Les premières années, le travail a été très dur : on n'avait pas de voiture ni d'eau courante. Mais je ne regrette pas.

（読まれる質問）

> un : Quand Jacques a-t-il décidé d'écrire son livre ?
> deux : Pourquoi Jacques a-t-il décidé d'écrire son livre ?
> trois : Où est-ce que Jacques a appris le métier de paysan ?

[I] 1次試験の傾向と対策　聞き取り試験 1

quatre : Comment Jacques a-t-il écrit son livre ?
cinq : Jacques est-il heureux d'avoir été paysan ?

解説　*Ma vie de paysan* という本を出版した Jacques へのインタビューです。各設問ごとに見ていきましょう。

(1)「この本を書くことをいつきめたのですか」というジャーナリストの質問に、Jacques は「10年ほど前に、私が引退したときです」と答えています。第1の質問「Jacques はいつ本を書こうときめたのですか」はこの部分に対応しています。2つの空欄のうち、最初の空欄には「引退」を意味する retraite が入り、次の空欄には「およそ10」を意味する dizaine が入ります。出題時にはそれぞれ8割も誤答があり、前者の空欄については *retrait*、*retrette* といったつづりのまちがいをしたり、*décision*、*libre* といった単語を入れたりした受験者が多くいました。後者の空欄には数字10を入れた受験者がきわめて多くいましたが、une (　) d'années と印刷されているわけですから dizaine 以外に入れることはできません。

『ラルースやさしい仏仏辞典 Niveau 1』には centaine、dizaine、douzaine といった単語が見出しになっていますので、それらの例文（« Il y avait plusieurs centaines de personnes à la manifestation. » « Quel âge peut avoir cet enfant ? — Oh ! il a bien une dizaine d'années. » « Vous êtes allés souvent au cinéma cette année ? — Oh ! non, à peine une demi-douzaine de fois. » など）を熟読して使い方を身につけておくとよいでしょう。

(2) 第2の質問「どうして Jacques は本を書くことにしたのですか」は、Jacques の2番目の応答「孫たちに若いときのことを語り、私の職業について説明しておきたかったのです」に対応しています。最初の空欄には「語る」という意味の動詞 raconter が入り、次の空欄には「職業」を意味する名詞 métier（travail、boulot でも可）が入ります。métier を書く場合、アクサンを正確に書くことに注意しましょう。せっかく正しい単語を思いついても、書くときにつづりミスをしては得点に結びつきません。

(3) 第3の質問「Jacques は農夫としての仕事をどこで習得したのですか」は、Jacques の3つ目の応答に対応しています。そこでは「私が17歳のときに両親が大きな小麦畑を引き継ぎました。そこで私は仕事を覚えたのです」と語られています。したがって、最初の空欄には「小麦」を意味する

blé（または froment）が入ります。このように短い単語を聞きとるのはむずかしいものですが、耳を慣らすことと自分の語彙をふやすことで少しずつ進歩するものです。第2の空欄には「両親」を意味する parents（vieux でも可）を入れれば正解です。単数形で *parent* と書いてはまちがいです。

(4) 第4の質問「Jacques はどうやって本を書いたのですか」に対応するのは、Jacques の4つ目の発言です。「孫たちがコンピューターを使うのを手伝ってくれました」と言われています。印刷された文は Sur son ordinateur, avec l'(　) de ses petits-enfants. となっていますから、読まれるテキストのなかで動詞 aider の複合過去3人称複数 ont aidé となっていた箇所を名詞 aide に変えられれば正解です（同義の名詞 assistance でも可）。聞き取った単語自体ではなく、ちょっとした変更をくわえないといけないこのような問題は受験者が苦手とするものですが、日ごろから動詞を名詞にする、名詞を動詞にするなどの練習をしておくと、とっさの場合に落ちついて対処することができるでしょう。

(5) 第5の質問「Jacques は農夫であったことを嬉しく思っていますか」は、ジャーナリストの最後の質問に対応しますので、それに対する Jacques の応答を見てみましょう。そこでは「はい。最初の数年は仕事は大変きついものでした。車もなければ水道もありませんでした。それでも私は後悔していません」と彼は語っています。空欄には「後悔する」を意味する動詞 regretter の直説法現在3人称単数 regrette を入れることができます。この場合もつづりを正確に書くことに注意しましょう。

|解　答|　(1) (retraite) (dizaine)　　(2) (raconter) (métier)
　　　　　(3) (blé) (parents)　　　　(4) (aide)
　　　　　(5) (regrette)

練習問題 2

- まず、牛飼い（vacher）の Xavier へのインタビューを聞いてください。
- つづいて、それについての 5 つの質問を読みます。
- もう 1 回、インタビューを聞いてください。
- もう 1 回、5 つの質問を読みます。1 問ごとにポーズをおきますから、その間に、答えを解答用紙の解答欄にフランス語で書いてください。
- それぞれの（　）内に 1 語入ります。
- 答えを書く時間は、1 問につき 10 秒です。
- 最後に、もう 1 回インタビューを聞いてください。
- 数を記入する場合は、算用数字で書いてください。
（メモは自由にとってかまいません）（配点 8）

〈CD を聞く順番〉　⦿❿ ⇒ ⦿⓫ ⇒ ⦿❿ ⇒ ⦿⓬ ⇒ ⦿❿

(1) C'est d'être à l'(　　　) avec les vaches.

(2) Parce que les (　　　) sont longues et qu'on doit bien (　　　) le troupeau.

(3) Il faut (　　　) beaucoup de choses sur la (　　　) des vaches.

(4) Il le considère comme le (　　　).

(5) Il (　　　) ses meilleures vaches dans le plus grand (　　　) de la région.

(14 春)

（読まれるテキスト）

La journaliste : Être vacher, c'est aimer les vaches ?
Xavier : C'est la première condition, bien sûr ! Il faut être à l'aise avec les bêtes.
La journaliste : Est-ce un métier exigeant ?
Xavier : Oui, puisque les journées sont longues et qu'il faut connaître parfaitement le troupeau. Mais ce n'est pas tout.
La journaliste : Qu'est-ce qu'il faut encore ?
Xavier : On doit s'intéresser à tout ce qui concerne les vaches. En particulier, il faut apprendre beaucoup de choses sur leur nourriture.
La journaliste : À quel âge avez-vous commencé ce métier ?
Xavier : Dès l'âge de 11 ans j'ai commencé à avoir des contacts avec les vaches. Et maintenant, je considère le troupeau de mon patron comme le mien et j'en suis fier.
La journaliste : Avez-vous un projet ?
Xavier : Avec six ans d'expérience et grâce à mon patron, je présenterai mes meilleures vaches dans le plus grand concours de la région l'année prochaine.

[I] 1 次試験の傾向と対策　聞き取り試験 1

(読まれる質問)

```
    un : D'après Xavier, quelle est la première condition
         pour être vacher ?
   deux : Pourquoi le métier de vacher est-il exigeant selon
         Xavier ?
  trois : Selon Xavier, qu'est-ce qu'il faut faire en particulier
         pour devenir un bon vacher ?
 quatre : Comment Xavier considère-t-il le troupeau de son
         patron ?
   cinq : Quel est le projet de Xavier ?
```

解説　牛飼いの Xavier へのインタビューです。各設問ごとに見ていきましょう。

(1)「牛飼いであること、それは牛を愛することですか」というジャーナリストの質問に Xavier は「もちろんそれが第 1 条件です。牛を相手にしてリラックスできなければいけないのです」と答えています。第 1 の質問「Xavier によれば、牛飼いであるための第 1 条件は何ですか」はこの部分に対応しています。印刷されている文では「牛に対して（　　）であること」となっていますから、空欄には「くつろぎ」を意味する aise が入ります。「くつろいで、気楽に」を意味する副詞句 à l'aise が Xavier の発言のなかで使われていることがわかっていれば容易に答えられるでしょう。

『ラルースやさしい仏仏辞典 Niveau 1』の aise の項をひくと、être à l'aise ; mettre à l'aise ; être mal à l'aise ; mettre mal à l'aise といった表現を、例文 (« Partout où il se trouve, Jean est à son aise, sûr de lui. » « La discussion me mettait mal à l'aise, j'avais envie de partir. » など) と解説をとおして理解することができます。これらの動詞句をきちんと使えるか確認しておくことをおすすめします。

(2) 第 2 の質問「Xavier によると、牛飼いの仕事はなぜ骨が折れるのでしょうか」に答えるには、Xavier の 2 番目の応答「というのも、1 日の仕事は長いですし、群れのことを完璧に知らなければいけないからです」をもと

にすればよいでしょう。印刷された文では「なぜなら（　　）は長く、群れのことをよく（　　）しなければならないから」とありますから、最初の空欄には「1日の仕事」を意味する journées が入ります。複数形にすることを忘れないようにしましょう。2番目の空欄には「知る」を意味する connaître が入ります。インタビューのなかでは le troupeau の直前に parfaitement という副詞が使われていますから、出題時にはそれを書いた受験者が多くいました。印刷された文では副詞 bien に置きかえられていますし、構造上、第2の空欄には不定詞が必要であることに気づく必要があります。機械的な書き取りをしないように注意しましょう。

(3) ジャーナリストが牛飼いの仕事に「さらに何が必要ですか」と尋ねると、Xavier は「牛に関するすべてのことに興味をもたなくてはいけません。とくに、牛の飼料についてたくさんのことを学ぶ必要があります」と答えています。第3の質問「Xavier によれば、よい牛飼いになるためにはとくに何をしなければなりませんか」はこの部分に対応しています。印刷された文の最初の空欄には「学ぶ」を意味する動詞 apprendre（connaître、étudier も可）が入ります。2番目の空欄には「飼料」を意味する名詞 nourriture を入れれば正解です。出題時にはこの単語のつづりをまちがえた受験者が多く、*nouriture*、*noriture*、*norriture*、*nuriture* などの答案が見られました。

(4) 第4の質問「Xavier は雇い主の牛の群れをどのように考えていますか」に対応するのは、Xavier の4つ目の応答の後半です。そこで彼は「いまでは、雇い主の牛の群れを自分のもの（le mien）のように思っています」と述べています。印刷された文では「彼はそれを（　　）と見なしている」となっていますから、インタビューのなかで1人称で使われている所有代名詞 le mien を3人称 le sien にしてから、sien を記入しなくては正解になりません。出題時には聞いたとおりに *mien* を書いた受験者がひじょうに多く、得点率は1割に達しませんでした。文の構造、意味をよく考えて、必要な場合には書きかえをしなくてはいけないという点を忘れないようにしましょう。

(5) 第5の質問「Xavier の計画は何ですか」は、ジャーナリストの最後の質問に相当しますから、それに対する Xavier の応答に着目すれば答えられるとすぐに予想できるでしょう。そこで彼は「来年には、地域でもっとも大きな品評会で自分の最高の牛を発表するつもりです」と述べています。印刷された文の最初の空欄には「発表する」といった意味の動詞 présenter の直説法単純未来3人称単数 présentera を入れれば正解です。インタビューのな

[I] 1次試験の傾向と対策　聞き取り試験 1

かでは 1 人称単数 présenterai になっているものを、人称を変えるだけなのですが出題時には多くの受験者が苦労したようです。(4)の場合と同様に、できあがった文がどういうものなのかを確認しながら空欄をうめるように努力しましょう。第 2 の空欄には「品評会」を意味する名詞 concours が入ります。この単語も受験者には意外にむずかしかったようで、出題時にはつづりのミスをした答案が多く見られました。日ごろから手を使って単語のつづりを覚える練習をしないと、とっさのときにまちがえてしまうものです。

解 答　(1) (aise)　　　　　　　(2) (journées) (connaître)
　　　　(3) (apprendre) (nourriture)　(4) (sien)
　　　　(5) (présentera) (concours)

2 　130 語程度のテキストを 2 回聞いて、そのあとに 2 回つづけて読まれる 10 の短文の内容が最初に読まれたテキストの内容に一致しているかどうかを判定する問題です。一致する場合は解答用紙の該当箇所の①を、一致しない場合は②を塗りつぶします。配点 10。

　この問題でも聞き取り試験1と同じく、1 回目は、聞こえてくる話がどんな状況か、登場するのはどんな人物か、何が話題になっているのか、どういう出来事が語られているのか、などをおおづかみに把握し、2 回目に聞くときにポイントになりそうな点をメモしておきましょう。

　問題の文章をしっかり聞き取っていれば 10 の短文の正誤は比較的容易に判断できるのがふつうですが、ときには細部に関して不一致点をしかけた、引っかけ的な文が混じっていることがありますから油断はできません。選択式であるため、10-14 年度の平均得点率は 74％と高い数字になっています。

　以下にあげる実例に挑戦してみてください。解いたあとに「読まれるテキスト」、「読まれる内容について述べた文」と合わせて 解説 と 解答 を参照してください。重要な語彙に関する説明もつけてありますので、単語や表現の幅をひろげるのに役立つことでしょう。

練習問題 1

- まず、レストランのシェフ Édouard の話を 2 回聞いてください。
- 次に、その内容について述べた文 (1) 〜 (10) を 2 回通して読みます。それぞれの文が話の内容に一致する場合は解答欄の ① に、一致しない場合は ② にマークしてください。
- 最後に、もう 1 回 Édouard の話を聞いてください。
  （メモは自由にとってかまいません）（配点 10 ）

(13 春)

〈CD を聞く順番〉　◎ ⓫ ⇨ ◎ ⓫ ⇨ ◎ ⓮ ⇨ ◎ ⓮ ⇨ ◎ ⓫

（読まれるテキスト）

Je suis chef dans un petit restaurant populaire au centre de Paris. Je fais de la cuisine pour mes clients, bien sûr, mais je ne fais pas que ça. J'enseigne aussi la cuisine à la télévision : l'émission s'appelle *Bons menus à 12 euros pour 4 personnes*. C'est la télévision qui m'a donné l'occasion de faire cette émission, mais l'idée concrète est née grâce à ma femme. Car elle fait la cuisine à la maison tous les jours pour mes enfants et moi. Cette émission est donc facile à faire.

Je m'adresse dans mon émission à tous ceux qui aiment la cuisine. J'y ai mis aussi pas mal de recettes qu'on utilise dans mon restaurant. Le poulet à la crème, le porc grillé à la chinoise, par exemple. Pour moi, l'essentiel, c'est de manger de bonnes choses dans une ambiance gaie et agréable. C'est pour ça que j'ai quitté le restaurant très chic où j'avais travaillé pendant 22 ans. Je n'aime pas les très bons restaurants chers, c'est un peu comme les grands musées. Là, les tableaux ont perdu toute vie. Mon restaurant veut recevoir des gens qui pensent que bien manger n'est pas du luxe mais du plaisir.

（読まれる内容について述べた文）

un : Édouard travaille dans un petit restaurant populaire au centre de Paris.

deux : L'émission d'Édouard s'appelle *Bonnes recettes à*

[Ⅰ] 1次試験の傾向と対策　聞き取り試験 ②

　　　　　　　12 euros pour 4 personnes.
　trois : C'est Édouard qui a proposé à la télévision de faire une émission de cuisine.
quatre : Édouard n'a qu'un enfant.
　cinq : La femme d'Édouard lui a donné des idées pour faire son émission.
　　six : En suivant l'émission d'Édouard, on peut réaliser des plats qu'il sert dans son restaurant.
　sept : Édouard essaie d'offrir à ses clients des plats dans une ambiance vivante.
　huit : Édouard a travaillé dans un restaurant très chic pendant plus de 20 ans.
　neuf : Édouard compare les restaurants chics et chers avec les grands musées.
　　dix : Édouard aime recevoir des clients qui pensent que bien manger est du luxe.

解　説　10の短文をそれぞれ見ていきましょう。
(1)「Édouard はパリの中心部にある小さな大衆レストランで働いている」という文です。読まれるテキストの冒頭で「私はパリの中心部にある小さな大衆レストランでシェフをつとめています」とありますから、内容に一致することは容易にわかるでしょう。
(2)「Édouard の番組は *Bonnes recettes à 12 euros pour 4 personnes* という名前である」という文です。第1段落第3文で「番組は *Bons menus à 12 euros pour 4 personnes* という名前である」と言われていますから、タイトルのなかで menus と recettes がことなるので、内容に一致しません。数字に注意するだけでなく、こまかい名詞にまで気をつけないとまちがえてしまうことがあります。
(3)「料理番組を担当することをテレビ局に提案したのは Édouard である」という文です。第1段落第4文に「この番組を担当する機会をあたえてく

107

れたのはテレビ局である」とありますから、内容に一致しません。本文も短文も強調構文を使っていますが、強調されている主語がちがうことに注目しなかったためか、出題時に正解を選んだ受験者は半数しかいませんでした。

(4)「Édouardにはひとりしか子どもがいない」という文です。第1段落第5文で、Édouardの妻は子どもたちと彼のために毎日家で料理をしていると述べられていますから、複数の子どもがいることはすぐわかるでしょう。したがって正解は②です。

(5)「Édouardの妻は、彼の番組のためにアイデアを提供してくれた」という文です。第1段落後半で、テレビの料理番組を制作するための具体的なアイデアが「妻のおかげで」生まれた、それに彼女は毎日家で家族のために料理をしている、だから「この番組は簡単に作れた」と語られていますから、内容に一致することはわかるでしょう。

(6)「Édouardの番組を見ていれば、彼がレストランで出している料理を作ることができる」という文です。第2段落第2文に、Édouardが番組のなかで「自分のレストランで使っているレシピもかなり」紹介したと説明されていますから、内容に一致します。

この短文の最初に使われているEn suivantはもちろん動詞suivreのジェロンディフの形ですから、前置詞suivantと混同しないようにしましょう。suivreには多様な意味があり、きちんと身につけるのは容易ではありません。『ラルースやさしい仏仏辞典Niveau 1』のsuivreの項を熟読してみましょう。

(7)「Édouardは活気ある雰囲気のなかで客に料理を出すことを心がけている」という文です。第2段落第4文に「私にとって重要なのは、おいしいものを楽しく心地よい雰囲気のなかで食べることだ」と言われていますから、内容に一致しています。ambianceを修飾する形容詞（もちろん女性形です）は、本文ではgaieとagréableであるのに対して、短文ではvivanteとなっていますが、意味する内容はほぼ同じと考えてよいでしょう。

(8)「Édouardはとても上品なレストランで20年より長く働いた」という文です。第2段落第5文で、彼が「22年間働いた、とても上品なレストラン」が言及されていますから、内容に一致します。

(9)「Édouardは上品で高級なレストランと大美術館を比較している」という文です。第2段落第6文で「おいしいけれど高いレストランは、どうも大美術館のようで好きではない」と語られていますから、内容に一致します。本文でc'est un peu comme ~ と言われているところが動詞comparer A avec

Bという構文で言いかえられているだけですが、表現のちがいにとまどったためか、出題時には半数近くの受験者がまちがえました。

⑽「Édouardは、おいしく食べることが贅沢だと思っている客をむかえるのが好きである」という文です。第2段落最後の文に「私のレストランには、おいしく食べることが贅沢ではなく喜びだと思っている人たちをむかえたい」とありますから、内容は一致しません。本文のbien manger n'est pas du luxeと短文のbien manger est du luxeをきちんと区別して聞き分けることができれば容易に答えられる問いでしょう。

|解　答| (1) ①　　(2) ②　　(3) ②　　(4) ②　　(5) ①　　(6) ①
　　　　(7) ①　　(8) ①　　(9) ①　　⑽ ②

練習問題 2

- まず、Fabrice の話を 2 回聞いてください。
- 次に、その内容について述べた文 (1) 〜 (10) を 2 回通して読みます。それぞれの文が話の内容に一致する場合は解答欄の①に、一致しない場合は②にマークしてください。
- 最後に、もう 1 回 Fabrice の話を聞いてください。
  （メモは自由にとってかまいません）（配点 10 ）

(14 秋)

〈CD を聞く順番〉　 ⑮ ⇨ ⑮ ⇨ ⑯ ⇨ ⑯ ⇨ ⑮

(読まれるテキスト)

> J'enseigne la physique dans un lycée de Lyon. J'aime déjeuner avec mes camarades de travail. On discute de tout en mangeant. Un jour, un professeur de géographie m'a appris les résultats étonnants d'une enquête. En Afrique, plus de 100 millions de personnes ont besoin d'une paire de lunettes. Mais elles sont trop pauvres pour en acheter. Beaucoup d'enfants ne vont pas à l'école, parce que ce n'est pas facile de suivre les cours quand on ne voit pas bien. Pour cette raison aussi, il y a de nombreux adultes qui ne peuvent pas travailler et gagner leur vie.
>
> J'ai donc décidé de produire des lunettes à un euro pour les Africains. Après deux ans d'essais, j'ai réussi à produire ces lunettes en utilisant des techniques très simples. En Afrique, des gens ont appris ces techniques, et ils peuvent maintenant faire des lunettes pas chères en 15 minutes. Ces lunettes à un euro ont du succès, parce qu'elles sont aussi jolies que les autres. Dans les mois qui viennent, elles seront aussi vendues en Amérique du Sud.

(読まれる内容について述べた文)

> un : Fabrice est professeur de médecine.
> deux : Fabrice aime prendre son déjeuner avec ses camarades de travail.
> trois : C'est un professeur de géographie qui a appris à Fabrice les résultats étonnants d'une enquête.

quatre : En Afrique, il n'y a que cinq millions de personnes qui ont besoin de lunettes.

cinq : Dans les pays africains, beaucoup d'adultes ont du mal à trouver un emploi à cause de problèmes de vue.

six : Fabrice a décidé de produire des lunettes qui coûtent seulement un euro.

sept : Les techniques que Fabrice a utilisées pour produire ses lunettes sont compliquées.

huit : En Afrique, personne ne sait faire les lunettes que Fabrice a inventées.

neuf : Les lunettes que Fabrice a inventées sont moins jolies que les autres.

dix : Les lunettes que Fabrice a inventées ne sont pas encore vendues en Amérique du Sud.

解説 10の短文をそれぞれ見ていきましょう。

(1)「Fabriceは医学の教師だ」という文です。読まれるテキストの冒頭に「私はリヨンの高校で物理を教えている」と明示されていますので、本文の内容に一致しないことは容易にわかるでしょう。

(2)「Fabriceは同僚といっしょに昼食をとるのが好きだ」という文です。これは読まれるテキストの第1段落第2文に対応していますから、内容に一致します。

(3)「Fabriceにある調査の驚くべき結果を教えてくれたのは地理の先生である」という文です。これは読まれるテキストの第1段落第4文に対応していますので、内容に一致します。

(4)「アフリカにはめがねを必要としている人たちが500万（cinq millions）人しかいない」という文です。読まれるテキストの第1段落第5文では En Afrique, plus de 100 millions de personnes ont besoin d'une paire de lunettes.「アフリカでは1億を超える人たちがめがねを必要としている」と言われて

いますから、cinq millions と cent millions が聞き分けられれば内容に一致しないことはわかるでしょう。

(5)「アフリカ諸国には目が悪いために (à cause de problèmes de vue) 仕事さがしに苦労しているおとながたくさんいる」という文です。読まれるテキストの第1段落最後の2文で、まず、quand on ne voit pas bien「目が悪いと」授業についていけないものであるために多くの子どもたちが学校に通っていないことが述べられ、つづいて「この理由のために、仕事をして生計を立てることができないおとなもたくさんいる」と言われていますから、「この理由」が「目が悪い」ことだとわかり、したがって短文は本文の内容に一致すると判断できるでしょう。

『ラルースやさしい仏仏辞典 Niveau 1』の problème の項をひくと、difficulté、ennui を類義語とする用法があげられ、« Vous n'avez pas eu trop de problèmes pour venir jusqu'ici ? » といった例文が載っています。この問題の短文で使われている表現は avoir des problèmes de vue といった形で使われることが多いもので、前置詞句 à cause de のあとで de と重なった不定冠詞 des が省略されているという文法的な説明はすぐに理解できるでしょうか。「健康上の問題をかかえている、病気である」と言いたければ avoir des problèmes de santé となることも知っておくとよいでしょう。

(6)「Fabrice は1ユーロしかしないめがねを作ることにした」という文です。読まれるテキストの第2段落第1文に「だから私は、アフリカの人たちのために1ユーロのめがねを作ることにした」とありますから、内容に一致することはすぐにわかるでしょう。

本文でも短文でも décider de + inf. が使われていますが、この表現と se décider à + inf. とのちがいはわかりますか。いずれも「～することを決める」の意味ですが、後者には「ためらったり迷ったりしたあとに」というニュアンスがくわわります。その点をきちんと説明している学習辞書ができのよい辞書ですから、手元の仏和辞典でこの動詞を調べてみるとよいでしょう。

(7)「Fabrice がめがねを作るために使った技術は複雑である」という文です。読まれるテキストの第2段落第2文に「2年の試作を経て、私はごく簡単な技術を使ってそのようなめがねを作ることに成功した」とありますから、内容に反していることはわかるでしょう。

(8)「アフリカには Fabrice が考案しためがねを作れる人はだれもいない」という文です。読まれるテキストの第2段落第3文で「アフリカにはその

技術を学んだ人たちがいて、今では 15 分で安価なめがねを作ることができる」と述べられていますから、作れる人がアフリカにいることはわかるでしょう。したがって本文の内容に一致しません。出題時には personne ne sait... という否定表現をよく聞き取れなかったためか、4 割近い受験者がまちがっていました。

⑼「Fabrice が考案しためがねはほかのめがねほど素敵ではない」という文です。読まれるテキストの第 2 段落第 4 文で「それらの 1 ユーロめがねがよく売れているのは、ほかのめがねと同じくらい素敵だからだ」と述べられていますから、aussi と moins を聞きまちがえなければ正解は容易にみちびきだせるはずですが、出題時には jolies que les autres の共通性だけに気をとられた受験者が多く、4 割近くが内容に一致すると判断してしまいました。こまかい単語にもよく注意して聞きましょう。

⑽「Fabrice が考案しためがねは南米ではまだ売られていない」という文です。読まれるテキストの最後の文で「それらは数ヵ月以内に南米でも売られるだろう」とありますから、内容に一致します。出題時には Amérique du Sud の共通性だけに注目したためか、半数の受験者がまちがっていました。文の意味を落ちついて聞き取ってから解答するように心がけましょう。

|解 答| ⑴ ② ⑵ ① ⑶ ① ⑷ ② ⑸ ① ⑹ ①
　　　　⑺ ② ⑻ ② ⑼ ② ⑽ ①

［II］2次試験の傾向と対策

2級の2次試験は次のように進行します。

(1) **試験方法**
　(a) 試験は個人面接の形でおこなわれます。
　　　面接委員はフランス人1人と日本人1人です。
　　　すべてフランス語で進行します。
　(b) 入室すると面接委員が本人確認をおこないます。
　(c) フランス人面接委員が、ひとつのテーマについて話すよう求めます。
　(d) 受験者がそのテーマについて話します。
　(e) 受験者が述べたことをもとに面接委員が質問してきますので、それに答えます。
　(f) 時間の余裕があれば、そのほかの点についても尋ねられることがあります。
　(g) 試験時間は入室から退室まで、全体で約5分です。

(2) **2次試験対策**
　(a) 面接委員が提示するテーマはいずれも日常生活に関連したテーマです。たとえば次のような分野が 10-14 年には問題にされています。見てわかるとおり、何度も出題されている話題もあります。

　　家族や友人。

　　　À qui ressemblez-vous dans votre famille ?（12 秋）
　　　Avec qui parlez-vous le plus souvent dans votre famille ?（13 春）
　　　De quoi parlez-vous avec votre famille ?（12 秋）
　　　Présentez-nous quelqu'un de votre famille.（12 春）
　　　Présentez-nous un(e) de vos ami(e)s (collègues, professeurs).（14 秋）

Présentez-nous votre meilleur(e) ami(e). ⁽11 秋⁾

Vous sortez souvent avec vos amis ? (Si oui, où aimez-vous aller ?) ⁽11 秋⁾

住居、住んでいる地域、住みたい場所。

Aimez-vous votre ville ? Pourquoi ? ⁽13 秋⁾

Préférez-vous habiter une maison ou un appartement ? Pourquoi ? ⁽14 秋⁾

Présentez-nous le quartier où vous habitez. ⁽14 春⁾

Présentez-nous votre appartement (votre maison).

⁽10 秋⁾

Quelle ville du Japon aimeriez-vous habiter ? Pourquoi ? ⁽12 春、12 秋⁾

Voulez-vous vivre à l'étranger ? Où et pourquoi ?

⁽13 秋⁾

Vous préférez habiter (ou vivre) en ville ou à la campagne ? ⁽10 春、10 秋⁾

日常の行動。

Aimez-vous faire des courses ? Où et quand ? ⁽13 春⁾

Écrivez-vous plutôt à la main ou avec l'ordinateur ? Pourquoi ? ⁽14 春⁾

Préférez-vous sortir seul(e) ou en groupe ? ⁽12 春、14 春⁾

Que préférez-vous, les bains ou les douches ? ⁽14 春⁾

Qu'est-ce que vous faites dans le train ou dans le métro ? ⁽10 秋⁾

Vous aimez aller chez le médecin ? ⁽12 春⁾

Vous faites quelque chose pour votre santé ? ⁽11 春、13 秋⁾

Vous levez-vous tôt le matin en général ? Pourquoi ?

⁽14 秋⁾

Vous recevez beaucoup de mails par jour ?（10 春）
前日にしたこと、当日や翌日の予定。
Qu'est-ce que vous allez faire après l'examen ?（10 秋）
Qu'est-ce que vous avez fait hier ?（11 秋）
余暇の過ごし方。
Cette année, quels sont vos projets pour les vacances d'été ?（14 春）
Comment avez-vous passé le Nouvel An ?（11 秋）
Comment passez-vous le week-end ?（10 秋、14 秋）
D'habitude, qu'est-ce que vous faites le dimanche ?（13 春）
Où aimeriez-vous passer les vacances d'été ?（12 春）
Préférez-vous la mer ou la montagne ? Pourquoi ?（14 秋）
Préférez-vous Noël ou le Jour de l'An ? Pourquoi ?（14 秋）
Qu'est-ce que vous aimez faire le soir ?（13 秋）
Qu'est-ce que vous avez fait le week-end dernier ?
（10 春）
Voulez-vous passer vos vacances à la mer ou à la montagne ?（11 春）
過去の思い出、将来の計画、夢。
Quels sont vos projets pour cette année ?（12 秋）
Qu'est-ce que vous voulez faire dans l'avenir ?（13 秋）
Racontez-nous un de vos rêves d'enfant.（12 秋）
Si vous devenez très riche, qu'est-ce que vous voulez faire ?（14 春）
学業、アルバイト、仕事。
Êtes-vous content(e) de votre travail (université, école, société, etc.) ?（11 秋）
Présentez-nous un de vos professeurs.（13 秋）

Présentez-nous votre lycée (collège, école, université, société). (10 春)

Présentez-nous votre professeur préféré. (11 春)

通学、通勤などの交通手段、経路。

Comment allez-vous de chez vous à votre université (lycée, collège, bureau) ? (10 秋)

Préférez-vous aller à pied ou à vélo ? (13 春)

Quel est le moyen de transport que vous aimez le mieux ? (12 春)

Vous êtes venu(e) ici comment ? (12 春、14 秋)

好み、価値観。

Aimez-vous les enfants ? Pourquoi ? (13 春)

Pour vous, qu'est-ce qui est important dans la vie ? (12 秋)

Présentez-nous quelqu'un que vous respectez. (12 秋)

Quel jour de la semaine préférez-vous ? Pourquoi ? (13 秋)

Quelle couleur aimez-vous le plus ? Pourquoi ? (11 春)

Quelle est la saison que vous aimez le plus ? (14 春、14 秋)

Quelle est votre saison préférée ? Pourquoi ? (10 春)

Que préférez-vous, l'été ou l'hiver ? (13 春)

食生活。

Mangez-vous souvent dans un restaurant ? (13 春)

Quel est votre plat préféré ? (11 秋、14 秋)

Quelle est votre boisson préférée ? (12 秋)

Quelle(s) boisson(s) préférez-vous ? (10 春)

Que préférez-vous, le pain ou le riz ? Pourquoi ? (10 秋)

Qu'est-ce que vous mangez le matin ? (12 春)

Vous aimez cuisiner ? Quel plat aimez-vous préparer ?
(12 春)

Vous allez souvent manger en ville ? (10 秋)
Vous préférez la viande ou le poisson ? (11 春)
Vous préférez manger chez vous ou au restaurant ?
(10 春)

Vous prenez le petit déjeuner tous les matins ?
(11 秋、13 春)

趣味一般。

Quel est votre passe-temps favori ? (13 秋)

旅行。

Parlez-nous d'un des voyages que vous avez faits.
(10 春)

Préférez-vous voyager tout(e) seul(e) ou avec quelqu'un ? (13 秋)

Quelle ville du Japon aimeriez-vous le plus visiter ? Pourquoi ? (14 春、14 秋)

Vous préférez voyager en train ou en voiture ? Pourquoi ? (10 秋)

スポーツ。

Aimez-vous faire du sport ? (13 秋)

Quel(s) genre(s) de sport(s) aimez-vous regarder ? (ou pratiquer ?) (11 春)

ペット。

Aimez-vous les animaux ? (11 春)

読書、メディア、映画、音楽、ゲーム。

Aimez-vous aller au cinéma ? Quel(s) film(s) avez-vous vu(s) récemment ? (11 秋)

Aimez-vous chanter ? (12秋)

Allez-vous souvent à la bibliothèque ? (11春)

Avez-vous une actrice ou un acteur préféré(e) ? Pourquoi l'aimez-vous ? (11春)

Écoutez-vous souvent la radio ? (10春)

Lisez-vous un journal tous les jours ? Pourquoi ?

(11春、14春)

Passez-vous beaucoup de temps sur votre téléphone portable ? (13春)

Pouvez-vous vivre sans télévision ? Pourquoi ? (13春)

Que faites-vous avec Internet ? (12秋)

Quel genre de musique aimez-vous ? (10秋、14春)

Quelle(s) sorte(s) de livres aimez-vous ? (10春、12春)

Vous lisez régulièrement des magazines ? (11秋)

Vous regardez la télévision ? Pourquoi ? (11秋)

(b) これらのテーマ、質問のそれぞれについて 7〜8 行程度の文章をフランス語で書いてみましょう。できれば先輩や先生にそれを見てもらい、添削してもらうとよいでしょう。そして、その文章を暗記するまで声に出して何度も読んでみると、自分のレパートリーが少しずつふえていきます。

(c) 面接試験の会場では、自分として答えられないテーマを提示された場合には、その旨をはっきりと伝えます。たとえば Avez-vous des animaux chez vous ? と尋ねられて、ペットを飼っていなければ遠慮せずにその旨を伝えて、テーマを変えてもらって結構です。もちろん、飼っていないと答えたあと、「なぜですか」、「嫌いなのですか」、「家族もですか」などと、このテーマに関連した質問がなされて会話が展開することもあります。

(d) 面接試験においては、背筋を伸ばして、相手にきちんと向かい、落ちついて、はっきりとした口調で話すことが大切です。就職試験やビジ

ネスにおける接客の態度と同じことです。
(e) 在仏経験のある人のなかには、自分がフランスで友人たちと話していたときのような口調で話すのが「流暢な」話し方だと誤解して、たとえば oui を *ouais*、eh bien を *eh ben* などと言って得意になっている人がいますが、気をつけましょう。日本語でもフランス語でも、TPO（時と所と場合）にかなった態度と話し方があります。この点を誤解しないようにしましょう。

第2部
2015年度
問題と解説・解答

2015 年度春季 2 級出題内容のあらまし

1 次 ［筆記］
- ① 前置詞（穴うめ・選択）
- ② フランス語文の完成（和文つき／穴うめ・記述）
- ③ フランス語文の完成（動詞を選択活用／穴うめ・記述）
- ④ 説明文（高速道路を自転車走行／穴うめ・選択）
- ⑤ インタビュー（宝くじ当選者／穴うめ・選択）
- ⑥ 説明文（長期休暇中の子ども受け入れ／内容一致・選択）
- ⑦ 対話文（奇跡の音楽家／穴うめ・選択）

［書き取り］ 談話文（犬が行方不明）

［聞き取り］
- ① インタビュー（個人の料理サイト／仏問仏答完成／穴うめ・記述）
- ② 談話文（寝坊した朝／内容一致・選択）

2 次 ［面接］ （個人面接方式）受験者が試験室に入室後、面接委員がフランス語で質問し、受験者がそれに答える。（試験時間約 5 分間）

2015年度春季2級筆記試験

2015年度春季
実用フランス語技能検定試験
筆記試験問題冊子 〈2級〉

問題冊子は試験開始の合図があるまで開いてはいけません。

筆 記 試 験	14時00分～15時30分
	(休憩20分)
書き取り 聞き取り 試験	15時50分から約35分間

◇筆記試験と書き取り・聞き取り試験の双方を受験しないと欠席になります。
◇問題冊子は表紙を含め12ページ、全部で7問題です。

注 意 事 項

1 途中退出はいっさい認めません。
2 筆記用具はHBまたはBの黒鉛筆(シャープペンシルも可)を用いてください。
3 解答用紙の所定欄に、**受験番号**と**カナ氏名**が印刷されていますから、間違いがないか、**確認**してください。
4 **マーク式の解答は、解答用紙の解答欄にマークしてください。**例えば、①の(1)に対して③と解答する場合は、次の例のように解答欄の③にマークしてください。

例	1	解答番号	解　答　欄
		(1)	① ② ● ④ ⑤ ⑥ ⑦ ⑧

5 記述式の解答の場合、正しく判読できない文字で書かれたものは採点の対象となりません。
6 解答に関係のないことを書いた答案は無効にすることがあります。
7 解答用紙を折り曲げたり、破ったり、汚したりしないように注意してください。
8 問題内容に関する質問はいっさい受けつけません。
9 不正行為者はただちに退場、それ以降および来季以後の受験資格を失うことになります。
10 **携帯電話等の電子機器の電源は必ず切って、かばん等にしまってください。**
11 **時計のアラームは使用しないでください。**
12 この試験問題の複製(コピー)を禁じます。また、この試験問題の一部または全部を当協会の許可なく他に伝えたり、漏えいしたりすることを禁じます(インターネットや携帯サイト等に掲載することも含みます)。

©2015 公益財団法人フランス語教育振興協会

1

次の (1) 〜 (4) の ( ) 内に入れるのに最も適切なものを、下の ① 〜 ⑧ のなかから 1 つずつ選び、解答欄のその番号にマークしてください。ただし、同じものを複数回用いることはできません。(配点 4)

(1) À ton frère, tu expliqueras le livre page ( ) page.

(2) Avez-vous du sucre ( ) poudre ?

(3) Le chef d'État avait un million de soldats ( ) ses ordres.

(4) Pour écrire son article, elle a copié ses idées ( ) mon livre !

  ① avec   ② de   ③ en   ④ par
  ⑤ pour   ⑥ sous   ⑦ sur   ⑧ vers

2

次のフランス語の文 (1) 〜 (5) が、それぞれあたえられた日本語の文が表す意味になるように、( ) 内に入れるのに最も適切な語 (各 1 語) を解答欄に書いてください。(配点 10)

(1) C'est un mensonge ( ) et simple.
  あれは真っ赤な嘘だ。

(2) De mon ( ), on n'avait pas de jeux vidéo.
  ぼくの若いころは、テレビゲームはなかったね。

(3) Étant ( ) qu'il pleut, restons à la maison.
  雨が降っているから家にいよう。

(4) Mon fils a le nez qui ne cesse de ( ).
  息子の鼻水が止まらないんです。

(5) Ne sachant pas lire la carte, il a commandé une boisson au ( ).
  メニューが読めないので、彼はあてずっぽうに飲み物を注文した。

3

次の (1) ～ (5) について、A、B がほぼ同じ意味になるように、(　) 内に入れるのに最も適切なものを、下の語群から1つずつ選び、必要な形にして解答欄に書いてください。ただし、同じものを複数回用いることはできません。
(配点　10)

(1) **A** Aucun de mes élèves n'a trouvé la solution de ce problème.
　　B Dans ma classe, personne n'(　) ce problème.

(2) **A** Elle avait la réputation d'être une étudiante brillante, mais ce n'était pas vrai.
　　B On la (　) à tort comme une très bonne étudiante.

(3) **A** La voiture de mon père se trouve devant la poste.
　　B Mon père (　) sa voiture devant la poste.

(4) **A** Marie a surmonté ses émotions en quelques minutes.
　　B Il n'a fallu à Marie que quelques minutes pour qu'elle (　) de ses émotions.

(5) **A** Vous n'avez pas besoin de vous énerver, écoutez cette musique.
　　B Ne vous énervez pas. Cette musique vous (　).

calmer	considérer	exagérer	garer
permettre	résoudre	se passer	se remettre

4 次の文章を読み、(1) ～ (5) に入れるのに最も適切なものを、それぞれ右のページの ① ～ ③ のなかから1つずつ選び、解答欄のその番号にマークしてください。(配点 10)

　Rouler à vélo sur l'autoroute ? (1). Et pourtant, c'est ce qui s'est produit ce matin aux environs de huit heures. Une jeune femme de 21 ans était en retard à son travail dans un restaurant d'autoroute à Orléans. Elle a demandé à un passant le chemin le plus court pour se rendre sur son lieu de travail. « Passez le péage* et c'est tout droit », a-t-il répondu. (2) à l'idée de ne pas être à l'heure, la jeune femme a suivi ses conseils sans réfléchir.

　Des automobilistes ont prévenu les gendarmes** qui ont arrêté la jeune femme. Celle-ci s'est montrée très surprise, car elle (3) risques qu'elle courait. Elle avait déjà roulé cinq kilomètres lorsque les gendarmes sont arrivés sur place. Elle a été obligée de payer une amende*** de 90 euros.

　Originaire d'un petit village de Normandie, la jeune femme était « logée depuis quelques jours chez son oncle, qui (4) car elle n'a pas le permis de conduire. Ce matin, l'oncle était ivre et la nièce a appelé le patron du restaurant pour indiquer qu'elle ne pouvait pas venir travailler », ont raconté les gendarmes interrogés par *Ouest-Matin*. L'employée a (5) changé d'idée et décidé de partir à vélo.

　Les gendarmes l'ont finalement emmenée à son travail.

　　　　　　　　　　　　　　　　　　　　* péage：料金所
　　　　　　　　　　　　　　　　　　　** gendarme：憲兵
　　　　　　　　　　　　　　　　　　　*** amende：罰金

(1) ① Cela ne paraît pas réaliste
    ② C'est très fréquent
    ③ Il n'y a pas de quoi s'inquiéter

(2) ① Affolée
    ② Contente
    ③ Indifférente

(3) ① avait conscience des
    ② ignorait les
    ③ se doutait des

(4) ① habitait très loin de chez elle
    ② la conduisait à son travail tous les matins
    ③ lui demandait d'aller à son travail en train

(5) ① du coup
    ② tout à l'heure
    ③ tout de même

5

次の文章は、Michèle に対するインタビューの一部です。インタビュアーの質問として (1) ～ (5) に入れるのに最も適切なものを、右のページの ① ～ ⑦ のなかから1つずつ選び、解答欄のその番号にマークしてください。（配点 10）

Le journaliste : Vous avez gagné 50 millions d'euros à la loterie*.
(1)

Michèle : Pas du tout. J'étais au chômage à ce moment-là et je vivais avec 80 euros par semaine.

Le journaliste : (2)

Michèle : J'ai fait réparer l'église et les maisons anciennes du village de Marey. J'y ai passé toute ma vie, et je lui dois tout.

Le journaliste : (3)

Michèle : Je pense acheter de vieilles usines, pour en faire un musée avec un grand jardin. Comme ça, le village pourra attirer beaucoup de touristes.

Le journaliste : (4)

Michèle : Ils ne sont pas contents du tout. Ils me demandent tout le temps si je ne suis pas devenue folle.

Le journaliste : (5)

Michèle : J'ai toujours mené une vie simple et modeste, et ça me convient parfaitement. Comment l'argent pourrait-il me manquer ?

* loterie : 宝くじ

① Avez-vous d'autres projets ?

② Avez-vous déjà fait quelque chose ?

③ Avez-vous une raison particulière d'être si généreuse ?

④ Comment vos proches réagissent-ils à votre idée ?

⑤ D'où viennent vos proches exactement ?

⑥ Est-ce que vous vous attendiez à une telle chose ?

⑦ Pourquoi mettez-vous tant d'argent de côté ?

6 次の文章を読み、右のページの (1) 〜 (7) について、文章の内容に一致する場合は解答欄の ① に、一致しない場合は ② にマークしてください。(配点　14)

　En France, la pauvreté s'étend et de moins en moins de Français partent en vacances. Pourtant, les vacances sont essentielles au bonheur de chacun, parce qu'elles permettent de se libérer de ses problèmes quotidiens et de passer des moments inoubliables. C'est pourquoi l'organisation « Aide Humaine » offre aux familles défavorisées* la possibilité de partir en vacances.

　Pour des milliers d'enfants de milieux pauvres, être en vacances signifie simplement ne pas aller à l'école, rester chez soi quand les autres partent. Ils ne peuvent partir que si quelqu'un les invite. Ainsi « Aide Humaine » organise l'opération Familles-Vacances : elle prépare l'accueil** des enfants dans des familles en France, en Hollande ou en Suisse.

　« Aide Humaine » demande à des parents de devenir des familles d'accueil pour recevoir des enfants pauvres. Il leur suffit d'envoyer un mail à l'organisation. Les bénévoles de celle-ci les aident pour l'inscription, afin de faciliter la rencontre des familles avec l'enfant.

　Ce séjour sera une découverte pour l'enfant venu d'ailleurs, mais également pour les familles d'accueil. Les familles qui ont déjà reçu un enfant jugent que c'était une chance. En effet, cela a été l'occasion pour leurs enfants d'avoir un nouveau copain, venu d'ailleurs et d'un autre milieu : c'était donc pour eux une expérience très formatrice.

* défavorisé : 恵まれない
** accueil : 受け入れ

(1) Le nombre de familles françaises partant en vacances diminue.

(2) « Aide Humaine » permet aux enfants de tous les milieux sociaux de partir en vacances.

(3) Pour beaucoup d'enfants pauvres, être en vacances veut dire simplement rester chez soi quand les autres partent.

(4) Grâce à « Aide Humaine », les enfants défavorisés peuvent trouver des gens qui les reçoivent.

(5) Pour devenir une famille d'accueil, il faut d'abord rencontrer une personne d'« Aide Humaine ».

(6) Les familles d'accueil ne peuvent pas être aidées pour rencontrer un enfant.

(7) Les familles d'accueil pensent que le séjour chez elles d'un enfant pauvre est positif pour leurs enfants.

7 次の対話を読み、(1) ～ (5) に入れるのに最も適切なものを、それぞれ右のページの ① ～ ④ のなかから1つずつ選び、解答欄のその番号にマークしてください。(配点　10)

Laura : Salut ! Tu sais, samedi prochain, mon frère va donner un concert de piano au jardin du Luxembourg.
Nestor : Pas possible ! J'avais toujours cru qu'il ne s'intéressait qu'au sport.
Laura : (1), mais plus maintenant.
Nestor : Quoi ? Qu'est-ce qui s'est passé ?
Laura : L'année dernière, il a reçu un violent coup sur la tête pendant un match de football. Gravement blessé, il a été hospitalisé deux mois.
Nestor : (2) ! Mais il faisait de la musique depuis longtemps ?
Laura : Non, (3), il ne sait même pas lire les notes, mais il joue maintenant d'une dizaine d'instruments.
Nestor : (4) ?
Laura : Ses médecins restent prudents, mais voici leur explication : grâce à ce coup très fort, il est devenu un merveilleux musicien.
Nestor : (5) ! Tant mieux pour lui, de toute façon.

(1) ① Allons donc
　　② Avant, oui
　　③ Enfin, ça m'étonnerait
　　④ Tu vois

(2) ① Ça y est
　　② Je te jure
　　③ Le pauvre
　　④ Ne renonce pas

(3) ① en fait
　　② sinon
　　③ sur le coup
　　④ tôt ou tard

(4) ① Ça te dit
　　② Comment c'est possible
　　③ Qu'est-ce que ça peut faire
　　④ Quoi de neuf

(5) ① Alors
　　② Ça alors
　　③ Et alors
　　④ Mais alors

2015年度春季2級書き取り・聞き取り試験

2015年度春季
実用フランス語技能検定試験
聞き取り試験問題冊子 〈2級〉

書き取り・聞き取り試験時間は、
15時50分から約35分間

　先に書き取り試験をおこないます。解答用紙表面の書き取り試験注意事項をよく読んでください。書き取り試験解答欄は裏面にあります。
　この冊子は指示があるまで開かないでください。

◇ 筆記試験と書き取り・聞き取り試験の双方を受験しないと欠席になります。
◇ 問題冊子は表紙を含め4ページ、全部で2問題です。

書き取り・聞き取り試験注意事項
1　途中退出はいっさい認めません。
2　書き取り・聞き取り試験は、CD・テープでおこないます。
3　解答用紙の所定欄に、**受験番号**と**カナ氏名**が印刷されていますから、間違いがないか、**確認**してください。
4　CD・テープの指示に従い、中を開いて、日本語の説明をよく読んでください。フランス語で書かれた部分にも目を通しておいてください。
5　解答はすべて別紙の書き取り・聞き取り試験解答用紙の解答欄に、**HBまたはB**の**黒鉛筆**(シャープペンシルも可)で記入またはマークしてください。
6　問題内容に関する質問はいっさい受けつけません。
7　**携帯電話等の電子機器の電源は必ず切って、かばん等にしまってください。**
8　**時計のアラームは使用しないでください。**
9　この試験問題の複製(コピー)を禁じます。また、この試験問題の一部または全部を当協会の許可なく他に伝えたり、漏えいしたりすることを禁じます(インターネットや携帯サイト等に掲載することも含みます)。

©2015 公益財団法人フランス語教育振興協会

書き取り・聞き取り試験

書き取り試験

注意事項

フランス語の文章を、次の要領で4回読みます。全文を書き取ってください。
・1回目、2回目は、ふつうの速さで全文を読みます。内容をよく理解するようにしてください。
・3回目は、ポーズをおきますから、その間に書き取ってください（句読点も読みます）。
・最後にもう1回ふつうの速さで全文を読みます。
・読み終ってから3分後に聞き取り試験に移ります。
・数を書く場合は、算用数字で書いてかまいません。

〈CDを開く順番〉 ⓱ ⇨ ⓱ ⇨ ⓲ ⇨ ⓱

聞き取り試験

1
・まず、Brigitte へのインタビューを聞いてください。
・続いて、それについての5つの質問を読みます。
・もう1回、インタビューを聞いてください。
・もう1回、5つの質問を読みます。1問ごとにポーズをおきますから、その間に、答えを解答用紙の解答欄にフランス語で書いてください。
・それぞれの (　　　) 内に1語入ります。
・答えを書く時間は、1問につき10秒です。
・最後に、もう1回インタビューを聞いてください。
・数を記入する場合は、算用数字で書いてください。
（メモは自由にとってかまいません）（配点　8）

〈CDを開く順番〉 ⓳ ⇨ ⓴ ⇨ ⓳ ⇨ ㉑ ⇨ ⓳

(1) Parce que ses amis lui ont (　　) ses (　　).

(2) Environ (　　).

(3) Un grand (　　) lui écrit pour la (　　).

(4) Parce qu'ils sont tous (　　) à préparer.

(5) La tarte au (　　) que sa mère lui faisait pour son (　　).

2
- まず、Alain の話を2回聞いてください。
- 次に、その内容について述べた文 (1) 〜 (10) を2回通して読みます。それぞれの文が話の内容に一致する場合は解答欄の ① に、一致しない場合は ② にマークしてください。
- 最後に、もう1回 Alain の話を聞いてください。
 （メモは自由にとってかまいません）(配点　10)

〈CDを聞く順番〉 ◎㉒ ⇨ ◎㉒ ⇨ ◎㉓ ⇨ ◎㉓ ⇨ ◎㉒

2016 年度版 2 級仏検公式ガイドブック

2 次 試 験

試験方法
○ 2 次試験は個人面接です（面接時間：5 分）。
○指示にしたがい試験室に入室し、はじめに氏名の確認がありますから、フランス語で答えてください。
○次に、面接委員によりフランス語で質問がありますから、フランス語で答えてください。

＊注意＊　試験入室前に携帯電話の電源を切ってください。

◆Le jury choisit un(des) sujet(s) dans la liste en fonction des intérêts de chaque candidat.
 1. Le matin, quand vous vous levez, qu'est-ce que vous faites en premier ?
 2. Que faites-vous quand vous êtes dans le train ?
 3. D'habitude, où mangez-vous à midi ?
 4. Vous couchez-vous tôt ou tard ? Pourquoi ?
 5. Faites-vous souvent des achats sur Internet ? Pourquoi ?
 6. Êtes-vous content(e) de votre travail (université, école, etc.) ?
 7. Présentez-nous une émission télévisée (un film) que vous aimez.
 8. Présentez-nous un membre de votre famille.
 9. Préférez-vous voyager en train ou en voiture ?
 10. Pourriez-vous vivre sans téléphone portable ?

2015 年度春季 2級

総評　今季の出願者は1879名（うち1次試験免除者数88名）、1次試験の実受験者数は1612名でした。また1次試験の合格者は575名（対受験者合格率36％）、1次試験の平均点は51点、合格基準点は56点でした。1次試験免除者をくわえた2次試験の実受験者は630名、1次試験と2次試験の両方に合格した最終合格者数は548名（最終合格率33％）でした。

　筆記試験においては、毎年同じような傾向が見られ、記述式の問題、すなわち筆記試験の2、3、および聞き取り試験の1、また選択式の問題のなかでは、前置詞を問う筆記試験の1が低い得点率となっています。それに対して、選択式の長文問題、すなわち筆記試験の5、6、7、聞き取り試験の2はおおむね高い得点率となっています。

　今季は筆記試験の2、3、5、そして書き取りの得点率が例年にない低さとなり合格基準点も50点台に落ち込みました。

　例年、記述式の誤答から言えることは、書こうとしている単語は合っているのに、アクサン記号を正しくつけていないなど、つづりが正確に書けていないケースがきわめて多いことです。つづりの誤りは、複雑なつづりの語だけではなく基本的な単語についても見られるので、フランス語を実際に自分の手で書いてみる訓練が不足しているものと思われます。また、選んだ単語は合っていても、動詞なら直説法現在形3人称単数を書いたり、形容詞や動詞の過去分詞なら基本形を書いたり、といったように、その文の主語や修飾する語、またその文の叙法に合わせて単語を変化させるという配慮をおこたった答案が相当数見られます。動詞の活用や形容詞、受動態の文の過去分詞の性数一致は、文法事項としては初級文法で習う事柄です。2級レベルになると、たしかに覚えるべき語彙や用法はふえ、フランス語らしい発想が求められるようになってきます。しかし、動詞を正しく活用させ、正確につづることができるか、動詞をどの叙法で用いるべきかが判断できるか、主語の性数を把握し、それを修飾する形容詞や受動態の過去分詞の形を正しく合わせることができるか、複合時制で直接目的語が前に出ているときは過去分詞をその性数に合わせることができるか、

といった基本的なことが重要なのは、どのレベルになっても変わりません。むしろ、そういった基本事項をおさえられていないことが失点につながっているケースが多いようです。ふだんの学習では、新しい単語を日本語の意味と対応させてひとつひとつ覚えるといった仕方で進めるよりも、できるかぎり文の単位でフランス語と接するようにするとよいでしょう。そして、つねに構文を把握するとともに、単語と単語の結びつきに注意をはらうことが大切です。

　文章に関しては、準2級以下とくらべると、問題文のタイプも取り上げられる話題も多岐にわたり、より実践的なフランス語になってきます。あたえられた教材や参考書だけでなく、図書館やインターネット、衛星放送などを積極的に利用して、新聞や雑誌、テレビやラジオなどで、さまざまなタイプの実際のフランス語にふれる機会を作ってください。日本にいても、かなりのフランス語のメディアにアクセスすることができます。ニュースなどがむずかしければ、フランス語学習者向けに配慮されたものもありますので、いろいろためしてみるとよいでしょう。

　語彙に関しては、約3000語を目安とすればよいでしょう。これはちょうど『ラルースやさしい仏仏辞典 Niveau 1』の収録語彙数に相当します。この辞書を手元に置いて十全に活用するようにしましょう。その際、ただ単にわからない単語の意味を調べるためというよりも、むしろ、例文もふくめて1項目丸ごと読むつもりでこの辞書をひいてみるとよいでしょう。単語の意味を、日本語を介さずフランス語の説明や用例をとおして理解するということは、フランス語を使って自然な表現ができるようになるための大切なプロセスです。例文をすべて読むようにしていれば、調べた名詞と結びつきやすい動詞、あるいは動詞と結びつきやすい前置詞など、日本語訳とはかならずしも対応しない、フランス語的な結びつきも頭に入ってきます。さらに、単語をひいたときは、説明や用例だけでなく、熟語表現、また、同義語や反義語にもかならず目を通すようにしましょう。こうした習慣を身につけていれば、筆記試験の3のような言いかえ問題はだいぶ取り組みやすいものになるはずです。

　このような日ごろの学習を積み重ねて試験にのぞむわけですが、先にも述べたように、実際には、基本事項の見おとしが失点の大きな原因となっています。試験の際には、自分の書いた答案をよく見なおし、単語のつづり、動詞の活用、性数一致といった基本的な事項に抜けおちがないかどう

か、最後まで気を抜かずにチェックするようにしてください。

　以下では、2015年春季のそれぞれの問題のポイントや受験者に多かった誤答などについて、順を追って解説しています。おおいに活用してください。

2016 年度版 2 級仏検公式ガイドブック

筆 記 試 験
解説・解答

〚1 次試験・筆記〛

1　**解　説**　適切な前置詞を選択する問題です。同様の形式の問題が 1 級にいたるまで出題されていることからもわかるように、前置詞はフランス語の文章を組み立てるにあたってきわめて重要な役割をはたします。前置詞は、数が限られているうえに形の変化もありませんので、動詞などにくらべるとその学習は比較的容易に見えます。たしかに問われる前置詞は、à や de、そして dans、en、pour など、いずれも初級文法の授業で習う基本的なものばかりです。しかしひとつの前置詞がさまざまな意味や用法をもっているため、使い分けに注意が必要で、上級者でも油断ができません。多くの文章にふれるにつれて、次第に、à は「～（場所・時間）に」、de は「～（場所・時間）から」といった、初級文法で最初に覚えた意味では対応できない表現に出会うようになります。そのとき感じる違和感こそが、フランス語上達のための大きなチャンスです。今さら前置詞を調べるなんてと面倒くさがらずに辞書をひき、文脈にもっともよくあてはまる用法はどれなのか、説明と例文を熟読してみつけてください。その際、辞書をひくときはつねにそうですが、当該の用法以外の用法についても目を通し、頭のなかを整理しておいてください。疑問をもつたびにそれを繰り返していれば、文章に出てくるすべての前置詞について、用法をきちんと説明できるようになるでしょう。同じ前置詞でも組み合わされた動詞や形容詞によってことなった意味で用いられるということを、実例をもって十分に理解しておくことが大切です。

　もうひとつ重要なのは、前置詞そのものの学習というよりも、動詞や形容詞、名詞について学ぶ際に、それと結びついて用いられる前置詞をいっしょに覚えておくことです。また前置詞は特定の単語と結びついて日本語話者の感覚からかけ離れた成句的な表現を作ることもあります。勘に頼らず辞書をこまめにひいて確認するようにしましょう。前置詞それ自体の用法とほかの品詞による特定の前置詞の要求との双方の側面に注意していれば、前置詞は着実に身についていくはずです。

今回この問題の全体の得点率は42％で、例年並でした。
設問ごとにくわしく見ていきましょう。

(1) 文全体の意味は「弟（お兄）さんには、ページごとに本の説明をしてあげて」となります。冠詞をともなわない同じ名詞にはさまれた par は反復を表わし、avancer deux par deux「2人ずつ進む」、jour par jour「日ごとに」のように、「〜ずつ」「〜ごとに」の意味になります。ここでは page par page「ページごとに」という表現を思いつくことができるかどうかが問われています。前置詞 par には、同じように冠詞のつかない名詞の前に置かれ deux fois par semaine「週に2回」のように「〜につき」という意味の用法があります。合わせて覚えておきましょう。この設問の得点率は36％でした。

(2) 文全体は「粉砂糖はありますか」という意味です。「粉砂糖」のことを sucre en poudre ということを知っているかどうかがポイントです。ちなみに「粉ミルク」「粉石けん」はそれぞれ lait en poudre、savon en poudre、そして「角砂糖」のことは sucre en morceaux といいます。この設問の得点率は43％でした。

(3) 文全体は「国家元首は100万人の兵士を指揮下にしたがえていた」という意味です。前置詞の sous には、支配や保護を表わす名詞の前で用いられて「〜のもとに」という意味の用法があります。得点率はやや高く55％でした。

(4) 文全体は「彼女は論文を書くにあたって、私の本からいくつかの考えを無断引用した」という意味です。copier (~) sur qqn「〜のまる写しで（〜を）書く」は、ただ模倣するだけでなく不正な行為という意味になります。『ラルースやさしい仏仏辞典 Niveau 1』の copier の項目には « Le professeur s'est aperçu que Pierre avait copié sur son voisin, c'est pour ça qu'il lui a mis un zéro. »「先生はピエールが隣の人をカンニングしたことに気がついたので、彼の答案を0点にした」という例文が載っています。なおこの設問の答えとして選択肢② de を選んだ答案が相当数あり、この選択肢も正解ではないかという問い合わせもいただきました。しかし問題文の意味を保ったまま de を用いようとすれば、Pour écrire son article, elle a copié les (certaines) idées de mon livre. もしくは Pour écrire son article, elle a repris des idées de mon livre. など、文の一部を書きかえなければなりません。書きかえをしないと自然な文にならないので正解とは

認められません。この設問の得点率は 32％でした。

解　答　(1) ④　　(2) ③　　(3) ⑥　　(4) ⑦

2　**解　説**　自然な日本語の文をフランス語の文に書きかえる際に必要となる語を空欄に記す問題です。ここで注意しなければならないのは、日本語の文がフランス語の文に 1 語 1 語対応しているわけではないということです。そのため、空欄にあたる日本語の単語をそのままフランス語に訳しても正答はえられません。

　この問題を解くにあたっては、まず日本語の文の内容をよく理解しましょう。次にフランス語の文を読みます。空欄にどのような品詞のどのような形が入るのかを文の構造から推測し、日本語の文と同じ内容の正しい文になる単語をさがします。そのとき、日本語の言い回しにとらわれるのではなく、むしろあたえられたフランス語文にひきつけて日本語文を言いかえられないかどうかを考えると答えやすくなります。そして解答を書く際には、つづりのまちがいに十分注意しましょう。

　この問題に対処するには、ふだんから単語を覚えるときに、その単語がほかの単語とどのように組み合わされて使われるのかを確認することです。それが名詞であれば、どのような動詞や前置詞と用いられることが多いのかに注意を向けましょう。また辞書をひくときには、成句表現にも意識して目を通しましょう。成句のなかには、単独の単語の意味からは思いもつかないものもあります。たとえば pur「純粋な」と simple「単純な」という 2 つの形容詞の意味を知っていても pur et simple という表現が「まったくの、純然たる、無条件の」という意味だと知らなければ、今回の設問 (1) には答えられません。このように日本語に対応しない表現は、ひとまとまりとして覚えることが大切です。

　この問題全体の得点率は 5％と、例年をはるかに下回る低さでした。1 問ずつくわしく見ていきましょう。

　(1) 日本語の「真っ赤な嘘」に対応するのはフランス語の un mensonge (　　) et simple です。pur et simple「まったくの」という成句を知っているかどうかが鍵になります。『ラルースやさしい仏仏辞典 Niveau 1』の pur の項目に、この成句の次のような例文があげられています。« Si j'ai fait cela, c'est pour une raison pure et simple : j'en avais envie, voilà

tout. »「私がそうした理由はただひとつ。それがしたかったから。それだけのことなのです」。誤答として多かったのは *rouge* や *tout* で、無回答もめだちました。この設問の得点率はきわめて低く、1％にも満たないきびしい結果となりました。

(2) 日本語の「ぼくの若いころは」がフランス語の De mon (　　　) に対応します。ここでは de mon temps という成句を知っているかどうかが問われています。『ラルースやさしい仏仏辞典 Niveau 1』の temps の項目を見ると、de mon temps の類語表現として quand j'étais jeune と à mon époque があげられています。「若い」にあたる単語がなくても、de mon temps で「私の若いころには」という意味になることに注意しましょう。誤答としては、日本語の「若い」につられた *jeunesse* や *jeune* あるいは *enfance*、*enfant*、*petit*、または *époque* などが見られました。得点率は 5％と低迷しました。

(3) フランス語文の空欄に何を入れたら理由を表わす表現になるかを考えます。étant donné que + ind.「～だから、～である以上」という表現を思いつくことができれば正解なのですが、この表現を知らない受験生が多かったのでしょう。無回答がめだちました。ほかに *pour*、*ce*、*parce*、*raison* などの誤答が見られました。この設問の得点率も低く 4％にとどまりました。

(4) ne (pas) cesser de + inf. は「～しつづける」という意味ですから、フランス語の文の空欄には「(鼻水が) 出る」という意味の動詞を不定詞形で入れれば正解です。le nez coule や avoir le nez qui coule で「鼻水が出る」という意味になることを知っているかどうかが鍵になります。couler のかわりに goutter を入れても正解です。*courir*、*l'eau*、*rien* などの誤答が見られ、得点率はふるわず 6％でした。

(5) au hasard「あてずっぽうに」という表現を知っているかどうかが問われています。『ラルースやさしい仏仏辞典 Niveau 1』の hasard の項目に « J'étais complètement perdue, alors j'ai pris une route au hasard. »「すっかり迷ってしまったので、いいかげんに道を進んだ」という例文が載っています。hasard のかわりに pif を入れても正解です。この設問でも無回答がめだち、ほかにも *cœur*、*randon*、*libre* などの誤答が散見しました。得点率はほかの設問よりは高かったものの、11％というけっしてかんばしくない数値でした。

2016 年度版 2 級仏検公式ガイドブック

解答　(1) pur　(2) temps　(3) donné　(4) couler　(5) hasard

3　解説　2つの文 A と B があたえられており、B の文には 1 語だけ空欄があります。A と B がほぼ同じ意味になるように、不定詞の形であたえられた 8 つの動詞のなかから適切なものを選び、それを必要な形に活用させて空欄をうめるという問題です。

　同じ内容であっても別の表現で言い表わすために、筆記試験の 2 のように発想の転換が必要になります。もちろん、A と B の構文が同じで、A のひとつの単語の類義語をさがせばよい場合もありますが、どちらかといえば例外です。大半は、A と B がことなる構文で、空欄に対応するのが品詞のことなる複数語の表現である場合です。

　そのうえで忘れてはならないのは、A の時制と叙法を見きわめて、選んだ動詞をそれに合わせて活用させることです。その際、活用形のつづりをまちがえないように注意しましょう。

　この問題全体の得点率は例年よりもかなり低く 17% でした。

　それでは各設問をくわしく見ていきましょう。

(1) A の文は「私の生徒たちはだれもこの問題の正解をみつけられなかった」という意味です。B の文は「私のクラスでは、だれもこの問題を〜しなかった」となっています。選択肢を見ると résoudre「解く」がありますので、A の文の時制に合わせてこの動詞を複合過去形にすればいいのです。適切な動詞を選べたにもかかわらず、*résoudu* や *résoudré* など誤った過去分詞形を書いた答案が数多く見られました。この設問の得点率は 5% と、とても低い値になりました。

(2) A の文は「彼女は優秀な学生という評判だったが、実際のところはそうではなかった」という意味です。B の文は「みんな彼女がとてもよくできる学生だと誤って〜していた」となっています。選択肢に considérer がありますのでこの動詞を用いることができます。それを A に合わせて半過去形にすれば正解です。誤答としては *exagérait* や *permettait*、つづりや活用形をまちがえた *considerait* や *considait* などが見られました。得点率はこの問題のなかではもっとも高く 41% でした。

(3) A の文は「父の車は郵便局の前にある」という意味です。B の文は「父は郵便局の前に車を〜」となります。選択肢のなかから garer「駐車す

148

る」を選ぶのはそれほどむずかしいことではないでしょう。そのうえで時制を考えます。**A** の文は直説法現在ですが、この動詞を用いて **A** の文とほぼ同じ意味にするためには **B** の文は複合過去にしなくてはなりません。誤答の大半は現在形の *gare* でした。そのほか *se remet* や *se remit*、*se passe* などの誤りが散見しました。得点率は 13％でした。

　(4) **A** の文は「Marie は心の動揺を数分でおさえた」という意味です。**B** の文は「Marie が心の動揺から～するのに数分しかかからなかった」となりますので、選択肢のなかの se remettre「立ちなおる、回復する」が使えます。空欄は pour que ～「～するために」という節のなかにあるので、この動詞を接続法に活用させる必要があります。*calme*、*a calmé*、*s'est passée*、*a exagéré*、*s'est remise*、*se remet* などさまざまな誤答が見られました。この設問の得点率はとても低く 4％にとどまりました。

　(5) **A** の文は「いらだつ必要はないでしょう。この音楽を聞いてください」という意味で、**B** の文は「イライラしないでください。この音楽があなたを～」と訳せます。選択肢を見ると calmer「落ちつかせる」がぴったりですので、これを **A** の文に合わせて単純未来形にすればいいのです。誤答としては *calme*、*calmez* などの活用まちがいが多く見られました。得点率は 20％でした。

　解　答　(1) a résolu　　(2) considérait　　(3) a garé
　　　　　　(4) se remette　(5) calmera

4　**解　説**　長文に 5 つの空欄が設けられており、それぞれ 3 つの選択肢のなかから文章の流れに合うものを選ぶ問題です。各選択肢はどれを入れても文法的に正しいようにできていますので、空欄の前後だけを見て選ぼうとしてもうまくいきません。まずは文章全体の論理展開をよく理解しましょう。そのうえで、空欄の前後をよく読み、自然な流れとなる語句を選択肢のなかから選びます。

　この問題の全体の得点率は例年並みの 56％でした。

　それでは各設問を見ていきましょう。

　(1) まず「高速道路を自転車で走る？」という問いかけで文章が始まります。そして空欄のあとに「ところが、それがけさ 8 時ごろに起こったことなのです」とつづきます。選択肢②は「それは日常茶飯事だ」、選択肢

③は「心配することはない」という意味で、どちらも空欄に入れるのは適切ではありません。正解は選択肢①「それは現実的には見えません」です。得点率は63％でした。

(2) つづいて、高速道路のサービスエリアにあるレストランで働く21歳の女性の話が始まります。仕事に遅刻しそうになった彼女が通りがかりの人に1番近い道を尋ねたら「料金所を通って、まっすぐ行きなさい」という答えがかえってきたと説明されたところで、空欄2で始まる文がつづきます。この文は「時間に間に合わないという思いに（ 2 ）、この若い女性はよく考えもせずその人の助言にしたがった」と訳せます。選択肢②「満足し」と選択肢③「無関心に」では前後がうまくつながりません。選択肢①「あわてふためいて」が正解です。得点率は55％でした。

(3) 第2段落冒頭で、高速道路を走行中の車の運転手から通報を受けた憲兵によって女性は止められたと説明されます。空欄3をふくむ次の文は「この女性はとても驚いていたが、それは彼女が自分のおかす危険を（ 3 ）からだ」と訳せます。空欄に選択肢①を入れると「（危険を）自覚していた（からだ）」となり、選択肢③では「（危険を）予想していた（からだ）」となります。どちらも文脈にそぐいません。選択肢②を入れると「（危険を）知らなかった（からだ）」となりしっくりきます。これが正解です。得点率は高く73％でした。

(4) 空欄の前後は、ノルマンディー地方の小さな村の出身であるこの女性は「運転免許をもっていないので、（ 4 ）叔父の家に数日前から泊まっていた」と訳せます。空欄に入れるのに最適なのは、選択肢②「毎朝仕事場まで彼女を送ってくれた」という内容です。選択肢①「彼女の家からとても遠いところに住んでいた」と選択肢③「電車で仕事に行くようにたのんでいた」は適切ではありません。得点率は57％でした。

(5) つづく憲兵の発言によれば、その日の朝は叔父が酔っていて車で送ってもらえなかったので、女性は仕事に行けないと電話で店長に断ったとされます。空欄5をふくむ文は「従業員の女性は（ 5 ）考えを変え、自転車で行くことにした」と訳せます。選択肢①「そのことによって」、選択肢②「さっき」はどちらも文脈に合いません。選択肢③「それでも」が正解です。得点率は31％でした。

2015 年度春季 2 級筆記試験　解説・解答

解　答　(1) ①　　(2) ①　　(3) ②　　(4) ②　　(5) ③

5　**解 説**　対話形式の長文に 5 つの空欄が設けられており、それぞれに適合する文を 7 つの選択肢から選ぶ問題です。近年の傾向としては、ジャーナリストによるインタビュー形式の出題が多く、今回もそのような問題でした。インタビューの相手は、宝くじで 5000 万ユーロを獲得した Michèle です。

　この問題にとりかかるにあたっては、対話文を読む前に、まず 7 つの選択肢にざっと目を通すのがよいでしょう。どのような質問があるのかをあらかじめ頭に入れてから、対話文を読み始めます。解答に際しては、応答の文意はもちろんですが、応答の形式に十分な注意をはらうことが大切です。oui か non、あるいはそれに近い表現であるか、または特定の情報（原因、時間、期間、場所、など）をあたえるものであるかによって、選択肢をしぼり込むことができます。

　問題全体の得点率は例年よりも低めの 66％でした。

　それでは、各設問をくわしく見ていきましょう。

(1) ジャーナリストの質問に対して Michèle は「いいえ、まったく。そのとき私は失業中で、1 週間 80 ユーロで暮らしていました」と答えています。選択肢のうち oui か non で答えられる質問から答えをさがします。正解は、選択肢⑥「こんなことが起こると予想していましたか」です。得点率は 56％でした。

(2) Michèle は「Marey 村の教会や古民家を改修しました」と答えていますので、宝くじでえた賞金の使い道について述べているのだろうと推測できます。選択肢を見ると、この応答の質問として②「もう何かしたのですか」が最適です。得点率は 76％でした。

(3) Michèle は「古くなった工場を買い上げ、大きな庭園つきの博物館にしようと思っています。そうすればたくさんの観光客が村に来てくれるようになるでしょう」と答えていますので、今後の予定について聞かれているのだろうと推測できます。正解は①「ほかに計画はありますか」です。得点率は 82％でした。

(4) Michèle は「彼らにはまったく気に入らないようです。頭がおかしくなったのではないかとしょっちゅう聞いてきます」と答えています。この返答に登場する「彼ら」がだれを指しているのかを考えます。選択肢を

151

見ると④と⑤で vos proches「あなたの近親者たち」が話題にされており、答えはそのどちらかだろうと予測できます。そのうち質問としてぴったり合うのは④「あなたの考えに近親者たちはどう反応していますか」で、これが正解です。得点率は71％でした。

(5) Michèle は「私はこれまでずっと簡素で質素な生活を送ってきて、それが自分にふさわしいと思っています」と答えています。宝くじであてたお金を村のために使うことについての質問だろうと推測できます。選択肢の③「あなたがそれほどに気前がいいのには特別な理由があるのでしょうか」が正解です。得点率は47％でした。

解答 (1)⑥　(2)②　(3)①　(4)④　(5)③

6　**解説**　長文の内容一致問題です。あたえられた7つの短文が問題文の内容に一致しているか否かを判断します。まずは問題文全体をとおしてよく読み、内容を十分に理解しましょう。そのうえで、短文に目を通していきましょう。そしてそれぞれの短文に関係する箇所を問題文中にさがし出して、こまかく読みなおして、正解をみちびきます。2級の場合は、(1)から(7)の短文はだいたい問題文の流れに沿ってならべられています。ただし、問題文の複数の部分を組み合わせて判断しないと答えられないものもありますので、注意しましょう。問題全体の得点率は例年よりやや高めの86％でした。

それでは短文をひとつひとつ見ていきましょう。

(1) 短文は「バカンスに出かけるフランス人家庭の数が減少している」という内容です。本文冒頭で「フランスでは貧困が広がり、バカンスに出かけるフランス人がだんだん少なくなっている」とありますので、本文の内容と一致します。得点率は77％でした。

(2) 短文は「Aide Humaine は、すべての社会階層に属する子どもたちがバカンスに出かけられるように活動している」という内容です。第1段落最後の文で Aide Humaine が手助けをするのは「恵まれない家庭」であると明記されています。したがって短文の内容は本文とは一致しません。得点率は81％でした。

(3) 短文は「貧しい家庭の子どもたちの多くにとってバカンスとは、ほかの人たちが出かけている間、自分たちは家に残ることを意味する」と訳

せます。これは本文第2段落第1文で述べられている内容と一致します。得点率は84％でした。

(4) 短文は「Aide Humaineのおかげで、恵まれない子どもたちは受け入れ先をみつけることができる」という意味です。第2段落後半から第3段落冒頭にかけて、Aide Humaineがバカンス中の貧しい子どもたちの受け入れ家庭をフランス、オランダ、スイスなどでさがしていることが述べられています。したがって短文の内容は本文と一致します。得点率は89％でした。

(5) 短文は「受け入れ家庭になるためには、まずAide Humaineの担当者と会わなければならない」という内容です。第3段落の第1文と第2文を見ると、貧しい子どもたちの受け入れ家庭になるには、Aide Humaine宛にメールを送りさえすればよい、と述べられています。したがって短文は本文の内容と一致しません。得点率は89％でした。

(6) 短文は「受け入れ家庭は子どもと出会うための支援はえられない」という内容です。第3段落の第3文に「この団体のボランティアたちは、家庭と子どもが出会う便宜をはかるために、それらの家庭が登録する手伝いをしている」とありますので、本文の内容と一致しません。得点率は高く92％でした。

(7) 短文は「受け入れ家庭は、貧しい子どもの滞在が自分の子どもによい影響があると考えている」という内容です。本文最終段落の第2文で「すでに子どもを受け入れたことのある家庭は、受け入れが好機であったと考えている」とあり、つづく最終文で、自分の子どもたちにとっても、ほかの土地から来た社会階層のちがう子どもを新しい友だちとしてもつことが有益な経験となったと述べられています。したがって本文の内容に一致します。得点率は92％でした。

解答 (1) ①　(2) ②　(3) ①　(4) ①　(5) ②　(6) ②
(7) ①

7　**解説**　対話文に設けられた5つの空欄について、それぞれ4つの選択肢から適切なものを1つ選ぶ問題です。筆記試験5も対話文の空欄補充問題ですが、質問文のみを尋ねるものでした。こちらの7では、やりとりのなかの文や文の一部が問われます。対話は日常的な口語体のもので、問

153

われる表現も日常生活でよく使われる短めの慣用表現が多くなっています。この問題に対処するためには、ふだんからフランス語の授業やメディアをとおして日常会話にふれる機会をつくり、フランス語らしい応答の仕方に注意しましょう。この問題で問われる表現はある程度きまっているので、過去問によく目を通しておくのも有効です。

　今回、この問題全体の得点率は例年並みで68％でした。

　それでは各設問をくわしく見ていきましょう。

　(1) Laura の兄弟がピアノのコンサートをすると聞いて、Nestor は「彼はスポーツにしか興味がないとずっと思っていたよ」と発言します。これに対する Laura の反応が問われています。空欄のあとの「でも今はそうじゃないの」という Laura のことばにうまくつながる表現を選択肢からさがします。選択肢①「ほら」、選択肢③「そんな馬鹿な」、選択肢④「わかるでしょ」では会話の流れに合いません。正解は、選択肢②「以前はそうよ」です。得点率は82％でした。

　(2) Laura から、彼女の兄弟が去年サッカーの試合中に頭を強く打ったため2ヵ月間入院していたことが告げられます。それに対する Nestor の反応が空欄となっています。選択肢①「やった」、選択肢②「本当だよ」、選択肢④「あきらめないで」はいずれも不適切です。選択肢③「かわいそうに」が正解です。名詞の pauvre「かわいそうな人」は、定冠詞や1人称の所有形容詞とともに使われて、しばしば選択肢③のような呼びかけとして用いられます。『ラルースやさしい仏仏辞典 Niveau 1』の pauvre の項目には « La pauvre, je la plains, elle en a eu des malheurs dans sa vie ! »「かわいそうに、彼女も気の毒だよ。さぞかし不幸な目にあってきたんだろうね！」という例文が載っています。この設問の得点率は71％でした。

　(3) Nestor にその兄弟は昔から音楽をしていたのかと聞かれ、Laura は「いいえ。（ 3 ）音符だって読めないのに、今では10ほどの楽器が使えるの」と答えています。選択肢②「さもなければ」、選択肢③「すぐに」、選択肢④「遅かれ早かれ」では会話の流れに合いません。しっくりくるのは選択肢①「じつは」で、これが正解です。得点率は71％でした。

　(4) Nestor の質問が空欄になっています。この質問に対して Laura は、突然優れた音楽家になってしまった兄弟の変身ぶりについての医師の見解を説明しているので、選択肢①「君もどう」、選択肢③「それはどういう

結果をもたらすの」、選択肢④「最近どう」はいずれも適切ではありません。選択肢②「どうしてそんなことが可能なの」が正解です。この設問の得点率は 72％ でした。

(5) 空欄のあとに「ともかく彼にとってはよかったよ」とつづきます。自然に会話がつながる表現を選択肢からさがします。4 つの選択肢にはいずれも alors が用いられています。選択肢① Alors は「さあ！」とうながしたり「こら！」とけしかけたりする意味になり、この文脈では不適切です。選択肢③ Et alors「だから何だと言うの？」や選択肢④ Mais alors「いやはや、本当に！」もここでの会話の流れにはしっくりきません。空欄に入れるのに最適なのは、選択肢② Ça alors「へえ、そうなの！」です。会話の出だしによく使われるこれらの表現は、文脈によりさまざまな意味合いをおびますので、実際の例文にあたりながらそれぞれの表現のニュアンスを体得していくことが必要です。『ラルースやさしい仏仏辞典 Niveau 1』の alors の項目にはこれらの表現のわかりやすい例文が載っていますので参考にしましょう。この設問の得点率はあまりふるわず 46％ にとどまりました。

解　答　(1) ②　　(2) ③　　(3) ①　　(4) ②　　(5) ②

2016 年度版 2 級仏検公式ガイドブック

書き取り・聞き取り試験
解説・解答

〘1 次試験・書き取り〙

解説 書き取りは、単に「音」の聞き取り能力をためすためだけの試験ではありません。さまざまな要素から、「音」としては聞こえていない部分もくみ取って適切なフランス語の文を組み立てるという、総合的なフランス語の能力をはかる試験です。もちろん、読まれた音を正しく聞き取る能力と、聞こえてきた単語を知っているという単語力は必須です。そのうえで、単語を知っているだけでなく、正確なつづりで書くことができなければなりません。フランス語では、ひとつの単語のように聞こえる音がエリジヨンやリエゾンによって結びついたふたつの単語であることもしばしばです。日ごろから教材の CD を聞いたり音読練習をしたりして、つづりと発音の関係に注意をおこたらないようにしましょう。ただし、気をつけるべきことはそれだけではありません。フランス語には、動詞の活用や過去分詞、形容詞などで、発音は同じでも形が変わるものが多々あります。動詞を正しく活用させるには、主語の人称にくわえ、その文章の文脈でどのような叙法が要求されているのかを理解する必要があります。形容詞や受動態および複合時制の文における過去分詞に関しては、それぞれがどの名詞・代名詞と結びついているのかが把握できなければ性数一致はおこなえません。複合時制で直接目的語が前に出ている場合の過去分詞の性数一致も注意すべき重要なポイントです。直接目的語は代名詞でうけられている場合も多いので、代名詞が何を指しているのかはつねに確認しておく必要があります。こういった統語上の知識を身につけておくことが、結局は、書き取りでもおおいに役立つことになります。

　こうした統語上の問題は、文章全体の展開を前もって把握しておくと、はるかに判断しやすいものとなります。試験では、問題文は全部で 4 回読まれます。問題文がふつうのスピードで読まれる 1 回目と 2 回目はキーワードをメモする程度におさえ、文章全体の流れを理解することに努めましょう。この段階で最初から書き取ろうとすると、書いている間に問題文を聞き逃がしてしまうおそれがあります。3 回目には、句読点もふくめて

ゆっくり読み上げられます。このときに1語1語しっかり書き取ってください。最後に、もう1回ふつうのスピードで読まれます。このときは自分が書き取った文章にまちがいがないか、語末などの細部にもよく耳を澄ませてください。そのあと3分間時間があたえられます。この時間に自分の書き取った文章を読みなおし、「音」だけでは判断できない事項、つまり前述の統語上の諸事項について隅々までチェックするようにしましょう。文意に沿った叙法が選択できているかどうか、従属節のなかは適切な叙法になっているかどうか、受動態および複合時制の過去分詞や形容詞は主語の人称や直接目的語に合った性数一致ができているかどうか、などのチェックによって、自分の書き取った文章が文法的な誤りのない適切なフランス語であることを確認しておきましょう。

　例年、全体として気になるのは、基本的な単語のつづりが正確に書けていないということです。書く練習をせずにつづりがあやふやなまま単語を覚えている受験者が多いことを実感します。単語として存在しないつづりを耳に頼って書き取ったものも多く見られます。また過去分詞などの性数一致ができておらず、統語上の理解が十分でない受験者が多いことがわかります。そしてアクサン記号をあいまいに記した答案がめだちます。採点者にきちんとわかってもらえるように、その傾斜の向きや形は明瞭に書きましょう。

　今回の書き取り試験の得点率は37％で、例年とくらべてかなり低い数値になりました。

　それでは順を追って見ていきましょう。

　冒頭で、話し手は電話をかけているところで、その人は Julie という名前の女性であることがわかります。第3文までは平易な文がつづきます。

　第4文では t'embêter を聞き取ることができたかどうかがポイントでしたが、正確に書けた受験生はきわめて少数でした。*ton* や *temps*、*tomber* などで始め *bété*、*vété*、*été*、*était* と組み合わせるなどあらゆる誤答が見られ、意味を理解できずただ聞こえたままに書きとめたことを示す答案がほとんどでした。

　第5文冒頭の C'est que は全体的にはよくできていましたが、*Ce que* や *C'est cours* などの誤答が散見しました。その少しあとの ont disparu の箇所は、*disparus* や *desparu* など過去分詞のつづりまちがいが相当数見られました。文末の demi-heure は基本単語にもかかわらず正確に書けた答

案はごくわずかでした。トレ・デュニオンのない答案がかなりあり、そのほか *demie-heure* や *demi-heures* などの誤答が見られました。

　第6文の動詞 jouaient のできもよくありませんでした。誤答としては *joue*、*jouent*、*jouait* など活用のまちがいが多く見られました。つづく seuls は主語に合わせて男性複数形にするところです。誤答のほとんどは *seul*、*seule*、*seules* など性数一致のまちがいでした。文末の mes vieilles voisines の部分は、形容詞 vieilles を書きおとした答案が多く、*vielles*、*vielle*、*vieille*、*veille* などさまざまなつづりの誤りが見うけられました。

　第7文の従属節の主語 je は Julie を指していますので、過去分詞 allé を主語に合わせて女性単数形 allée にします。ここは比較的よくできていたものの、性数一致を忘れた答案が少なからず見られました。つづく les chercher の部分は、不定詞であることを理解できていないと思われる答案がめだちました。誤答としては les *cherché*、les *cherche*、les *cherchez* などが見られました。

　第8文では主語 ils にあわせて過去分詞 parti は男性複数形 partis になります。ここを正しく書けた受験生が思いのほか少なく、性数一致をしていない *parti* や原形のままの *partir* などの誤りを見うけました。

　第9文の文頭 Les voisines の箇所は、*Mes* voisines としたり、voisines を *voisine*、*voisins*、*voisinnes* などと書いたりした誤答が散見しました。そのあとの n'en の箇所は、中性代名詞と理解できずに n'*ont*、*non*、*ne* などと誤った答案が多く見られました。また文末の de bons yeux を正確に書けた答案はごくわずかでした。誤答としては de *bonjour*、*devant eux*、*des* bons yeux、de *bonjours* などが見られました。

　第10文前半の n'ont que の箇所は、que は書き取れても n'ont をまちがえた答案が少なからずありました。誤答としては *non* que、n'*en* que、*manque* などがありました。

[解　答]　Allô, Didier ? C'est moi, Julie. Est-ce que tu peux venir à la maison ? Excuse-moi de t'embêter. C'est que mes chiens ont disparu depuis une demi-heure. Jusque-là ils jouaient seuls dans le jardin de mes vieilles voisines. Mais quand je suis allée les chercher, ils n'y étaient plus. Où sont-ils partis ? Les voisines n'en savent rien, car elles n'ont pas de bons yeux. Puisque mes chiens n'ont que trois mois, ils ne doivent pas être allés trop loin.

〚1次試験・聞き取り〛
1

（読まれるテキスト）

Le journaliste : Brigitte, votre site internet a un grand succès.
Brigitte : Oui, merci. Ça fait deux ans que je partage mes recettes de cuisine et on les apprécie beaucoup.
Le journaliste : Comment avez-vous commencé votre site ?
Brigitte : Mes amis m'ont demandé mes recettes de plats alsaciens. Et je les ai mises sur Internet pour eux.
Le journaliste : Maintenant vous avez combien de lecteurs ?
Brigitte : Environ 5 000 par jour. Le plus étonnant, c'est que même un grand chef vient visiter mon site ! Et il m'écrit pour me donner des conseils !
Le journaliste : À votre avis, pourquoi vos plats intéressent tant de gens ?
Brigitte : Parce qu'ils sont tous faciles à préparer. Ils sont complètement différents des plats des grands restaurants !
Le journaliste : Quel est le plat qui a eu le plus de succès ?
Brigitte : La tarte au fromage. C'est la tarte que ma mère faisait tous les ans pour mon anniversaire !

（読まれる質問）

---
un : Pourquoi Brigitte a-t-elle commencé son site internet ?
deux : Combien de personnes viennent voir le site de Brigitte par jour ?
trois : Quelle surprise Brigitte a-t-elle eue avec ses lecteurs ?
quatre : D'après Brigitte, pourquoi ses plats intéressent-ils les gens ?
cinq : Quel plat a eu le plus de succès sur le site de Brigitte ?

[解 説] 対話を聞いたあと、それについての5つの質問を聞き、それに

対する答えを完成させる問題です。あらかじめ問題冊子に印刷されている答えの文を読んでおくと、聞き取るべきポイントをある程度予測することができるでしょう。

　対話は全部で3回読まれます。1回目に読まれる際には、全体の流れを把握することに努めましょう。今回のようにインタビュー形式の場合には、だれが何について話しているのか、主張は何か、質問ではどのようなことが聞かれているのか、といった点に注意しながら聞いてください。キーワードや数字などについては簡単なメモを取っておくとよいでしょう。次に読まれる質問の内容についてよく把握し、2回目に対話を聞くときにはポイントをおさえて聞きましょう。

　2回目に質問が読まれる際には、それぞれの質問文の間にポーズがおかれますので、その間に空欄をうめてください。2級では本文で用いられた単語をそのまま書けば答えになる場合が大半ですので、落ちついて聞きましょう。ただし、構文がことなるために、本文とは活用形などを変えなければならない場合もあります。どのような形に単語を変えれば、同じ内容になるかを考えましょう。

　3回目に対話が読まれる際には、自分が記入した答えが対話の内容に即しているかどうか、質問の形式に合っているか、聞きながら念入りにチェックしてください。そのうえで、十分に見なおして、自分の答えが正しくつづられているかどうか、性数一致や動詞の活用形などに文法上の誤りがないかどうかを確認してください。

　今回、この問題の全体の得点率は50％で、例年よりも高得点でした。
　では各設問をくわしく見ていきましょう。

(1) 第1の質問「Brigitte はなぜサイトを開設したのですか」はジャーナリストの2つ目の質問に対応しますので、彼女の返答を見てみましょう。「友人にアルザス料理のレシピを尋ねられて、インターネットに載せた」とあります。問題冊子の最初の空欄には demander「尋ねる」の過去分詞 demandé が入ります。誤答として見られたのは *démandé*、*demandés*、*demendé* などで空白もめだちました。得点率は64％でした。次の空欄には recette「レシピ」の複数形 recettes が入ります。誤答としては *plats*、*cuisinies*、*cuisine* が多く、そのほか *recette*、*resettes*、*lucettes* などのつづりまちがいも散見しました。得点率はふるわず27％でした。

(2) 第2の質問「Brigitte のサイトには1日に何人訪れますか」は、ジ

ャーナリストの3つ目の発言に対応します。筆記試験 1 (1) の解説でふれたように、par には「〜につき」という意味になる用法があります。この質問に対する Brigitte の答えは「1日につき約5 000人」ですので、問題冊子の空欄には5 000 が入ります。cinq mille と書いても正解です。cinq を cent と聞きまちがえたのでしょう、100 000 とした誤答がかなり見られました。得点率は51％でした。

(3) そのすぐあとにつづく Brigitte の発言が、第3の質問「Brigitte が（サイトの）閲覧者について驚いたことはなんですか」の答えに対応しています。Brigitte は「もっとも驚いたのは、ある有能なシェフが私のサイトを見にきてくれることです。そのシェフは助言を書いて送ってくれるのです」と言っています。問題冊子の最初の空欄に入るのは chef「シェフ」で、cuisinier を入れても正解です。誤答としては *chéf* や *chèf* といったつづりのまちがいがめだち、得点率は73％でした。次の空欄には conseiller「助言する」が入ります。読まれるテキストでは donner des conseils と名詞が用いられていますので、空欄に入れるにはこれを動詞に書きかえる必要があります。しかし聞き取ったとおりにつづろうとしたと思われる答案がほとんどで、*conseil*、*conseille*、*conseile*、*conceil* といった誤答が見られました。この箇所の得点率はわずか6％でした。

(4) 第4の質問「人々が Brigitte の料理に興味をもつのは、彼女によればなぜですか」は、ジャーナリストの4番目の質問にあたります。問題冊子に印刷された答えは Brigitte の返答そのままで、空欄には facile「簡単な」の複数形 faciles が入ります。aisés や simples を書いても正解です。誤答としては単数形 *facile* が圧倒的に多く、そのほか *facil*、*facils*、*facille* などが見られました。得点率はふるわず27％でした。

(5) 第5の質問「Brigitte のサイトでもっとも人気を博した料理は何ですか」はジャーナリストの最後の質問にあたります。問題冊子の最初の空欄には fromage「チーズ」が入ります。誤答として *frômage*、*fromâge*、*frommage* などのつづりのまちがいが見られ、得点率は85％でした。次の空欄に入るのは anniversaire「誕生日」です。*aniversaire* や *anniverssaire* といった誤答がめだちました。得点率は71％でした。

解 答 (1) (demandé) (recettes)　(2) (5 000 / cinq mille)
(3) (chef) (conseiller)　(4) (faciles)

(5) (fromage) (anniversaire)

2

(読まれるテキスト)

Ce matin, j'avais rendez-vous chez le coiffeur à neuf heures et demie. Mais quand je me suis réveillé, il était déjà 11 heures moins 20. Je n'étais pas content du tout ! Ce coiffeur a beaucoup de clients et j'avais eu du mal à prendre rendez-vous. Je ne voulais absolument pas manquer ce rendez-vous. Car sinon, il faudrait encore attendre deux mois. Alors j'ai dit à ma femme : « Pourquoi tu ne m'as pas réveillé ? » Comme elle se lève toujours beaucoup plus tôt que moi, ça ne devait pas être difficile. Mais elle m'a répondu d'un ton sec : « Tu aurais dû mettre ton réveil. » Elle n'est pas gentille, ma femme ! D'ailleurs j'avais mis mon réveil à huit heures. Et pourtant il n'a pas sonné. J'ai arrêté de discuter avec elle. J'ai appelé le coiffeur, et je lui ai demandé s'il ne pourrait pas me couper les cheveux quand même. Heureusement il m'a dit qu'il m'attendrait à une heure et quart. Un client venait d'annuler son rendez-vous. Je suis parti après avoir bu une tasse de thé au lait.

(読まれる内容について述べた文)

un : Alain avait rendez-vous avec son client à neuf heures et demie.
deux : Quand Alain s'est réveillé, il n'était pas heureux.
trois : Il n'est pas facile de prendre rendez-vous chez le coiffeur d'Alain.
quatre : Si l'on manque un rendez-vous chez le coiffeur d'Alain, il faut attendre 18 semaines.
cinq : Alain se lève toujours plus tôt que sa femme.
six : Alain a pensé que sa femme était méchante.
sept : Alain avait mis son réveil bien à l'heure.
huit : Au lieu de continuer à discuter avec sa femme, Alain a téléphoné au coiffeur.

neuf : Le coiffeur a dit à Alain qu'il pourrait le recevoir à 13 heures 15.
　dix : Alain est parti après avoir bu une tasse de lait.

解説　ある程度の長さの文章を聞き、つづいて、その内容について述べた 10 の短文を聞き、それぞれについて正誤を判断する問題です。最初に問題文が 2 回読まれます。1 回目は、どんな人が語っているのか、いつ、だれが、どこで、何をしたのか、といったことに気をつけながら、全体を理解するよう努めましょう。2 回目は、ポイントになりそうな場所、時間、数字などをメモしながら聞くとよいでしょう。つづいて 10 の短文が読まれます。それぞれについて、記憶とメモを頼りに正誤を判断してください。10 の短文がもう 1 回読まれます。聞きまちがいがないかをチェックし、あやふやなものはこのときに確認してください。最後に、問題文がもう 1 回読まれます。10 の短文で問題となっているポイントに注意しながらあらためてよく聞き、正誤を最終確認してください。

　今回、この問題の全体の得点率は 68％でした。問題文で使われている表現とちがう表現が短文で使われると（たとえば à une heure et quart が à 13 heures 15 で言いかえられているなど）わからなくなってしまう受験者が少なくなかったようです。冷静に何が言われているかを考えましょう。

　10 の短文をそれぞれくわしく見ていきましょう。

⑴　短文は「Alain は 9 時半に顧客と会う約束があった」という意味です。読まれるテキストの冒頭に「私はけさ 9 時半に美容院の予約を入れてあった」と明記されていますので、短文はテキストの内容と一致しません。得点率は 63％でした。

⑵　読まれるテキストでは、予約を入れていたにもかかわらず寝坊をしたため、起床時には「まったくいい気分ではなかった」とあります。短文は「Alain は目覚めたとき幸福ではなかった」という意味ですから、テキストの内容と一致します。得点率は 79％でした。

⑶　短文は「Alain の美容院に予約を入れるのは簡単ではない」という意味です。これはテキスト第 4 文の内容と一致します。得点率は 82％でした。

⑷　短文は「Alain の美容院での予約を 1 度逃すと 18 週間待たなくてはならない」という意味です。第 5 文と第 6 文に「私はこの予約をどう

163

しても逃がしたくなかった。そうでないとまた 2 ヵ月待たなければならないからだ」とありますので、短文は話の内容とは一致しません。得点率は 92％ でした。

(5) 短文は「Alain はいつも妻より早く起きる」という意味です。第 8 文に「妻はいつも私よりもずっと早く起きる」とありますので、短文はテキストの内容には一致しません。得点率は 63％ でした。

(6) 短文は「Alain は妻が意地悪だと思った」という意味です。第 7 文から第 10 文にかけて、寝坊した Alain が「なぜ起こしてくれなかったのか」と聞いたのに妻に冷たくあしらわれ、「優しくないな、まったく！」と妻に対していらだつ記述がありますので、内容と一致します。得点率は 79％ でした。

(7) 短文は「Alain は目覚ましをきちんと時間にセットしていた」という意味です。テキストの第 11 文と第 12 文に「だいたい私は目覚ましを 8 時にセットしておいたのに、(時間に) 鳴らなかったのだ」とありますので、話の内容と一致します。得点率は 57％ でした。

(8) 短文は「Alain は妻と話をつづけるかわりに美容師に電話をかけた」という内容です。これは第 13 文と第 14 文の内容に一致します。得点率は 49％ でした。

(9) 短文の内容は「美容師は Alain に、13 時 15 分に予約を入れられると言った」です。これは第 15 文の内容と一致します。得点率は 49％ でした。

(10) 短文は「Alain は牛乳を 1 杯飲んでから出かけた」という意味です。テキストの最終文に「私はミルクティーを 1 杯飲んでから出かけた」とありますので、話の内容には一致しません。得点率は 70％ でした。

[解 答] (1) ②　(2) ①　(3) ①　(4) ②　(5) ②
　　　　(6) ①　(7) ①　(8) ①　(9) ①　(10) ②

1次試験配点表

筆記試験	①	②	③	④	⑤	⑥	⑦	小計	書き取り	小計	聞き取り	①	②	小計	合計
	4点	10	10	10	10	14	10	68	14	14		8	10	18	100

2 次 試 験
解　説

〚2次試験・面接〛

　面接試験は、フランス語のネイティブスピーカーと日本人の面接委員が1組になっておこないます。試験時間は約5分です。明るくBonjour！とあいさつしながら入室しましょう。面接委員が受験者の名前を確認したあと、あらかじめ用意された質問のなかから受験者に適当と思われるものを選んで質問します。それを糸口にして会話が始まります。

　面接試験では、日常生活と関連のある話題について、基本的なフランス語表現を使ってコミュニケーションをすることができるかどうかが問われます。したがって、リラックスして会話を楽しもうという姿勢がなによりも大切です。どんな質問をされても、日本語で会話をするときと同じように、自分の答えやすい形で答え、さらに、自分の話したいことを付け加えていけば、面接委員との間に自然な会話が進んでいきます。

　質問がよく聞き取れなかったり、質問の意味がよくわからなかったりした場合も、あわてることはありません。率直に、Je ne comprends pas très bien votre question. Vous pouvez répéter, s'il vous plaît ? などと伝えましょう。そうすれば、面接委員は、同じ質問をゆっくりと繰り返したり、わかりやすく言いかえたりしてくれるはずです。

　質問に答える際には、問われた部分に単語1語だけで答えるのは避けるべきです。今回出題された質問を例にとれば、Pourriez-vous vivre sans téléphone portable ? と質問されて、Oui. または Non. とだけ答えてそれで終わりにしないことです。携帯電話は自分にとって生活必需品ではないと思っても、Oui. と答えただけで黙ってしまえば会話は先に進みません。わざわざ質問されなくても自発的に Oui. と答えた理由を付け加えましょう。答えが Non. であるならば、ふだんはどんな用途に携帯電話を使っているのか、なぜ携帯電話でないといけないのか、ほかの機器ではどうして代用できないのかなどを具体的に説明しましょう。もし携帯電話をなくしたり電波の届かない状況で使えなかったりして困った経験を思い出したら、そこに話をつなげてもよいでしょう。

質問そのものには、正解も不正解もありません。あくまで会話を始めるきっかけにすぎないのです。面接委員は、この質問を出発点にして、受験者がどれだけ充実した会話をつづける能力をもっているのかを見きわめようとしています。ゆっくりでいいですから、ていねいに文を組み立てながら、できるだけ積極的に自分のことを面接委員に伝えることが、スムーズな会話の流れにつながります。そして、試験時間が終了して退出するときには、Au revoir, bonne journée ! などとあいさつをして退出しましょう。

　面接試験の対策としては、まずはできるだけフランス語を聞く機会をふやすことです。教材CDだけでなく、インターネットや衛星放送、映画など、さまざまなメディアを学習環境や好みに合わせて活用し、日常的にフランス語の音声にふれて耳を慣らすように心がけましょう。

　会話の練習のためにフランス語のネイティブスピーカーと話す機会があまりなくても、どんな形でもいいですから、ある程度の長さのフランス語を声に出して発音することを心がけてみてください。録音されたテキストを聞きながら、できるだけ遅れないでいっしょに発音してみてもよいでしょう。録音された音声のイントネーションや息づかいに合わせられるまで何度も繰り返して発声しているうちに、少しずつフランス語を「話す」ことに体が慣れていくはずです。話す訓練は、実際に声に出してみないことには始まりません。同じようにフランス語を学ぶ仲間がいれば、おたがいに日本語話者であってもフランス語での会話に挑戦してみてはどうでしょうか。

2015年度秋季2級出題内容のあらまし

1次 ［筆記］
　　　1　前置詞（穴うめ・選択）
　　　2　フランス語文の完成（和文つき／穴うめ・記述）
　　　3　フランス語文の完成（動詞を選択活用／穴うめ・記述）
　　　4　説明文（ネズミの繁殖／穴うめ・選択）
　　　5　インタビュー（エッフェル塔駆け上り競争／穴うめ・選択）
　　　6　説明文（猫用ホテルの開業／内容一致・選択）
　　　7　対話文（部屋の明るさ／穴うめ・選択）

［書き取り］談話文（食料品店を経営していた老女）

［聞き取り］
　　　1　インタビュー（映画でプロポーズ／仏問仏答完成/穴うめ・記述）
　　　2　談話文（火事の意外な原因／内容一致・選択）

2次 ［面接］（個人面接方式）受験者が試験室に入室後、面接委員がフランス語で質問し、受験者がそれに答える。（試験時間約5分間）

2015年度秋季
実用フランス語技能検定試験
筆記試験問題冊子 〈2級〉

問題冊子は試験開始の合図があるまで開いてはいけません。

筆 記 試 験　10時00分 ～ 11時30分
　　　　　　　　　(休憩20分)
書き取り 試験　11時50分から約35分間
聞き取り

◇筆記試験と書き取り・聞き取り試験の双方を受験しないと欠席になります。
◇問題冊子は表紙を含め12ページ、全部で7問題です。

注 意 事 項

1　途中退出はいっさい認めません。
2　筆記用具は **HBまたはBの黒鉛筆**(シャープペンシルも可)を用いてください。
3　解答用紙の所定欄に、**受験番号**と**カナ氏名**が印刷されていますから、まちがいがないか、**確認**してください。
4　マーク式の解答は、解答用紙の解答欄にマークしてください。たとえば、①の(1)に対して③と解答する場合は、次の例のように解答欄の③にマークしてください。

解答番号	解答欄
(1)	① ② ● ④ ⑤ ⑥ ⑦ ⑧

例 1

5　記述式の解答の場合、正しく判読できない文字で書かれたものは採点の対象となりません。
6　解答に関係のないことを書いた答案は無効にすることがあります。
7　解答用紙を折り曲げたり、破ったり、汚したりしないように注意してください。
8　問題内容に関する質問はいっさい受けつけません。
9　不正行為者はただちに退場、それ以降および来季以後の受験資格を失うことになります。
10　**携帯電話等の電子機器の電源はかならず切って、かばん等にしまってください。**
11　**時計のアラームは使用しないでください。**
12　この試験問題の複製(コピー)を禁じます。また、この試験問題の一部または全部を当協会の許可なく他に伝えたり、漏えいしたりすることを禁じます(インターネットや携帯サイト等に掲載することも含みます)。

©2015 公益財団法人フランス語教育振興協会

1

次の (1) ～ (4) の (　) 内に入れるのにもっとも適切なものを、下の ① ～ ⑧ のなかから1つずつ選び、解答欄のその番号にマークしてください。ただし、同じものを複数回用いることはできません。(配点　4)

(1) Ces chocolats viennent de (　) Dupont.

(2) Elle était (　) la douche quand la terre a tremblé.

(3) Je me disais (　) le début qu'il était coupable.

(4) Nous serons (　) retour au bureau à 14 heures.

① à　　　② chez　　　③ de　　　④ dès
⑤ en　　　⑥ par　　　⑦ pour　　　⑧ sous

2

次のフランス語の文 (1) ～ (5) が、それぞれあたえられた日本語の文が表わす意味になるように、(　) 内に入れるのにもっとも適切な語 (各 1 語) を解答欄に書いてください。(配点　10)

(1) Ça m'a fait de la (　) d'entendre une histoire pareille.
あんな話を聞いてつらかった。

(2) Cela n'(　) pas que vous ayez tort.
それでもあなたはまちがっています。

(3) Sa mémoire peut le (　).
彼の記憶ちがいかもしれない。

(4) Tiens-moi au (　) de la suite des choses.
その後どうなったのか教えてよ。

(5) Vous avez de la fièvre ? (　)-vous bien.
熱があるのですか。お大事に。

3

次の (1) ～ (5) について、A、B がほぼ同じ意味になるように、(　) 内に入れるのにもっとも適切なものを、下の語群から1つずつ選び、必要な形にして解答欄に書いてください。ただし、同じものを複数回用いることはできません。(配点 10)

(1) **A** Bientôt l'été..., je dois perdre un peu de poids.
    B Il faut que je (　　) un peu avant l'été.

(2) **A** Cette proposition l'a fâchée.
    B Elle (　　) en colère à cause de cette proposition.

(3) **A** Contrairement à ce que je prévoyais, il a échoué à son examen.
    B Je croyais qu'il (　　) son examen.

(4) **A** Les formalités seront simplifiées.
    B Nous (　　) les formalités plus simples.

(5) **A** Vous ne pourriez pas chanter moins fort ? Nous n'arrivons pas à nous entendre.
    B Si vous (　　) un peu la voix, on s'entendrait mieux !

baisser	maigrir	passer	rapprocher
rendre	réussir	se mettre	se porter

4 次の文章を読み、(1)～(5)に入れるのにもっとも適切なものを、それぞれ右のページの ① ～ ③ のなかから１つずつ選び、解答欄のその番号にマークしてください。(配点　10)

　Un homme de Dijon a complètement perdu le contrôle de sa maison, remplie de plusieurs centaines de rats. « Ils sont partout, dans toutes les pièces, dans tous les murs, dans la cuisine, dans les escaliers, dans ma chambre », a raconté Thomas, 27 ans, propriétaire de la maison. Même si les bêtes ont mangé des parties de murs et des meubles, il (1). « Ils sont trop nombreux, mais j'aimerais vraiment les garder », a ajouté le jeune homme qui adore les rats. En 2013, à la suite de la mort de ses grands-parents, il était tombé malade. Les rats lui ont permis de passer à travers (2). Au début, il en avait trois, mais ils se sont reproduits* et sont maintenant plus de quatre cents dans sa petite maison.

　C'est un ami qui a appelé les autorités** lorsqu'il a réalisé que la situation (3). Les voisins avaient déjà tenté de prévenir Thomas des risques d'habiter avec autant de rats. « Je lui avais dit qu'ils allaient se reproduire très rapidement. Et c'est ce qui (4) », a dit une voisine. Le jeune homme a fini par (5) départ de ses animaux. Dans les semaines qui viennent, un groupe de volontaires va venir les emporter. « Je demande juste qu'ils aillent dans de bonnes maisons avec de bonnes familles », a déclaré Thomas.

* se reproduire : 繁殖する
** autorités : 当局

(1) ① hésite à s'en débarrasser
    ② pense les donner à ses voisins
    ③ veut absolument les tuer

(2) ① cette période difficile
    ② la porte de sa maison
    ③ le jardin de sa voisine

(3) ① était devenue impossible à contrôler
    ② ne posait plus de problèmes
    ③ s'était peu à peu améliorée

(4) ① est arrivé
    ② n'est pas arrivé
    ③ va arriver

(5) ① accepter le
    ② refuser le
    ③ renoncer au

5

次の文章は、Hubert に対するインタビューの一部です。インタビュアーの質問として (1) ～ (5) に入れるのにもっとも適切なものを、右のページの ① ～ ⑦ のなかから1つずつ選び、解答欄のその番号にマークしてください。(配点 10)

Le journaliste : Vous allez participer à la course qui consiste à monter la Tour Eiffel à pied. (1)
       Hubert : Pas précisément. Je dirais 1 500 environ…
Le journaliste : (2)
       Hubert : Pas du tout. Vous pourriez me dire 3 000 marches, ça ne changerait rien.
Le journaliste : (3)
       Hubert : J'essaierai de garder un rythme régulier. Si vous accélérez d'un coup, vous pouvez vous faire mal.
Le journaliste : (4)
       Hubert : Impossible, ça va beaucoup trop vite. Je suis concentré sur le mouvement de mes jambes. Je monte toujours les marches deux par deux pour aller encore plus vite.
Le journaliste : (5)
       Hubert : J'ai de la chance, j'habite à côté d'un immeuble de 19 étages, dont je monte et descends les escaliers. Un entraînement à portée de main, c'est idéal pour moi.

① Cela ne vous décourage pas ?

② En quoi consiste votre préparation ?

③ Pourquoi prenez-vous l'ascenseur ?

④ Quelle sera votre méthode ?

⑤ Que représente cette course pour vous ?

⑥ Savez-vous combien de marches vous allez devoir grimper ?

⑦ Vous comptez les marches en courant ?

6 次の文章を読み、右のページの (1) ～ (7) について、文章の内容に一致する場合は解答欄の ① に、一致しない場合は ② にマークしてください。(配点　14)

　Il y a six mois naissait à Paris le premier café à chats. Voici maintenant le premier hôtel pour chats qui vient d'ouvrir ses portes à Tours. Chez Castle, le chat dort dans une chambre individuelle. Il y a aussi une salle d'activité, un restaurant, un salon de coiffure, le tout dans un espace confortable qui fait 270 m^2 de surface. On dirait vraiment un hôtel de luxe. Pourtant, Sandrine, la jeune directrice de Castle, repousse cette image de luxe et préfère parler du « confort de l'animal qui n'est pas forcé d'habiter avec d'autres chats quand les propriétaires partent en voyage ».

　« Avant de commencer les travaux, j'ai vu différents vétérinaires* pour réunir leurs expériences et leurs avis. Leur réaction positive vis-à-vis de mon projet m'a réellement motivée », dit la jeune femme. Pour réaliser son hôtel, elle a quitté le milieu hospitalier dans lequel elle travaillait.

　Sandrine dit avoir eu du mal à trouver un financement** : « Comme Castle était un projet unique en France, les banques ne voulaient pas prendre de risque. À chaque fois, on me disait que mon projet était formidable mais on ne voulait pas me prêter d'argent. Pour obtenir un prêt, il a fallu que mes parents deviennent mes garants. »

* vétérinaire : 獣医
** financement : 融資

(1) Castle est le premier hôtel en France spécialement fait pour les chats.

(2) Castle offre le confort de chambres individuelles.

(3) Sandrine considère Castle comme un hôtel de luxe pour chats.

(4) D'après Sandrine, les vétérinaires ne se sont pas montrés favorables à son idée.

(5) Sandrine a changé de travail pour créer Castle.

(6) Sandrine a facilement obtenu un prêt bancaire.

(7) Ce sont les parents de Sandrine qui ont apporté l'argent nécessaire pour réaliser son projet.

7

次の対話を読み、(1) ～ (5) に入れるのにもっとも適切なものを、それぞれ右のページの ① ～ ④ のなかから1つずつ選び、解答欄のその番号にマークしてください。(配点　10)

Chantal : Tiens, tu étais là ? Mais il fait sombre ici. Pourquoi as-tu tiré les rideaux ?
Jeanne : Parce que, sinon, il y a trop de soleil dans la pièce.
Chantal : (1). Au contraire.
Jeanne : Tu ne vas pas ouvrir les rideaux quand même ?
Chantal : C'est ce que j'allais faire.
Jeanne : Ce n'est pas nécessaire.
Chantal : Mais on ne voit rien ici. (2), ça doit te faire mal aux yeux.
Jeanne : (3). Trop de lumière peut causer des maladies.
Chantal : Comment le sais-tu ?
Jeanne : Ma grand-mère a perdu un œil à l'âge de 60 ans parce qu'elle avait laissé la lumière allumée tout le temps.
Chantal : (4) relation de cause à effet.
Jeanne : Si ! C'est son médecin qui l'a dit.
Chantal : Les médecins disent parfois n'importe quoi.
Jeanne : (5), je ne veux pas perdre la vue à cause d'une lumière trop vive.

178

(1) ① C'est vrai
    ② Je ne trouve pas
    ③ Je pense aussi
    ④ Tout à fait

(2) ① En plus
    ② Heureusement
    ③ Malgré ça
    ④ Ou bien

(3) ① Je me trompe
    ② Je te donne raison
    ③ Tu as raison
    ④ Tu as tort

(4) ① Cela indique une
    ② Il doit y avoir une
    ③ Il n'y a sans doute pas de
    ④ Je ne pense pas qu'il n'y ait pas de

(5) ① En général
    ② En tout cas
    ③ Par conséquent
    ④ Surtout

2015年度秋季2級書き取り・聞き取り試験

2015年度秋季
実用フランス語技能検定試験
聞き取り試験問題冊子 〈2級〉

書き取り・聞き取り試験時間は、
11時50分から約35分間

先に書き取り試験をおこないます。解答用紙表面の書き取り試験注意事項をよく読んでください。書き取り試験解答欄は裏面にあります。
この冊子は指示があるまで開かないでください。

◇筆記試験と書き取り・聞き取り試験の双方を受験しないと欠席になります。
◇問題冊子は表紙を含め4ページ、全部で2問です。

書き取り・聞き取り試験注意事項

1 途中退出はいっさい認めません。
2 書き取り・聞き取り試験は、CD・テープでおこないます。
3 解答用紙の所定欄に、**受験番号**と**カナ氏名**が印刷されていますから、まちがいがないか、**確認**してください。
4 CD・テープの指示にしたがい、中を開いて、日本語の説明をよく読んでください。フランス語で書かれた部分にも目を通しておいてください。
5 解答はすべて別紙の書き取り・聞き取り試験解答用紙の解答欄に、**HBまたはBの黒鉛筆**(シャープペンシルも可)で記入またはマークしてください。
6 問題内容に関する質問はいっさい受けつけません。
7 **携帯電話等の電子機器の電源はかならず切って、かばん等にしまってください。**
8 **時計のアラームは使用しないでください。**
9 この試験問題の複製(コピー)を禁じます。また、この試験問題の一部または全部を当協会の許可なく他に伝えたり、漏えいしたりすることを禁じます(インターネットや携帯サイト等に掲載することも含みます)。

©2015 公益財団法人フランス語教育振興協会

書き取り・聞き取り試験

書き取り試験
　注意事項
　　フランス語の文章を、次の要領で4回読みます。全文を書き取ってください。
・1回目、2回目は、ふつうの速さで全文を読みます。内容をよく理解するようにしてください。
・3回目は、ポーズをおきますから、その間に書き取ってください（句読点も読みます）。
・最後にもう1回ふつうの速さで全文を読みます。
・読み終ってから3分後に聞き取り試験に移ります。
・数を書く場合は、算用数字で書いてかまいません。

〈CDを聞く順番〉 ◎24 ⇨ ◎24 ⇨ ◎25 ⇨ ◎24

聞き取り試験

1
・まず、Clémentへのインタビューを聞いてください。
・つづいて、それについての6つの質問を読みます。
・もう1回、インタビューを聞いてください。
・もう1回、6つの質問を読みます。1問ごとにポーズをおきますから、その間に、答えを解答用紙の解答欄にフランス語で書いてください。
・それぞれの（　　　）内に1語入ります。
・答えを書く時間は、1問につき10秒です。
・最後に、もう1回インタビューを聞いてください。
・数を記入する場合は、算用数字で書いてください。
　（メモは自由にとってかまいません）（配点　8）

〈CDを聞く順番〉 ◎26 ⇨ ◎27 ⇨ ◎26 ⇨ ◎28 ⇨ ◎26

(1) Pour demander son (　　) Manon en mariage.

(2) Il l'a (　　) à la séance d'un film d'(　　).

(3) Des (　　) qu'il a (　　) avec Manon.

(4) Après les (　　).

(5) Elle était très (　　).

(6) Ils lui ont promis de rester (　　) à ses salles de cinéma.

2
- まず、スイスの町で起きた火事の話を 2 回聞いてください。
- 次に、その内容について述べた文 (1) 〜 (10) を 2 回通して読みます。それぞれの文が話の内容に一致する場合は解答欄の ① に、一致しない場合は ② にマークしてください。
- 最後に、もう 1 回話を聞いてください。
  (メモは自由にとってかまいません)(配点　10)

〈CD を聞く順番〉 ㉙ ⇨ ㉙ ⇨ ㉚ ⇨ ㉚ ⇨ ㉙

2 次 試 験

試験方法
○2次試験は個人面接です。（面接時間：5分）
○指示に従い試験室に入室し、はじめに氏名等についてフランス語で簡単な質問がありますから、フランス語で答えてください。
○次に面接委員よりフランス語で質問がありますから、フランス語で答えてください。

◆Le jury choisit un(des) sujet(s) dans la liste en fonction des intérêts de chaque candidat.
1. Quel jour de la semaine préférez-vous ?
2. Quel pays étranger (Quelle région du Japon) aimeriez-vous visiter ?
3. Présentez-nous le quartier où vous habitez.
4. Faites-vous quelque chose de spécial pour votre santé ?
5. Quand et comment écoutez-vous de la musique ?
6. Préférez-vous les chiens ou les chats ? Pourquoi ?
7. Où avez-vous passé le jour de l'an ?
8. Le soir, quand vous rentrez chez vous, qu'est-ce que vous faites en premier ?
9. Allez-vous souvent à la bibliothèque ?
10. Allez-vous souvent sur Internet ?

2015年度秋季 2級

総評　今季2級の出願者は2001名（うち受験者は1732名）でした。1次試験の合格者は618名、対受験者の合格率36％でした。1次試験と2次試験の両方に合格した最終合格者数は548名（1次試験免除者をくわえた2次試験の実受験者は646名）、対実受験者の合格率は31％でした。

1次試験受験者全体の得点率は53％で、春季より2ポイントあがりました。

1次試験においては毎年同じような傾向が見られ、記述式の問題、すなわち筆記試験の2、3、書き取り、および聞き取り試験の1が低い得点率になっています。選択式の問題のなかでは適切な前置詞を問う筆記試験の1の得点率が低いのに対し、選択式の長文問題、すなわち筆記試験の5、6、7、聞き取り試験の2はおおむね得点率が高いというのが一般的な傾向です。今季もだいたいこの傾向どおりでしたが、筆記試験の1のできが例年よりは少しよかったこと、筆記試験の5、6と聞き取り試験の2のできが例年より若干悪かったことが特徴としてあげられます。

2級に関する勉強の仕方などは本書第1部および春季の総評をご覧ください。

以下では、2015年秋季のそれぞれの問題のポイントや受験者に多かった誤答などについて、順を追って解説しています。おおいに活用してください。

筆 記 試 験
解説・解答

〔1次試験・筆記〕

1 **解 説** 適切な前置詞を選択する問題です。前置詞に関しては、基本的な前置詞がどういう機能をはたすのか、辞書で確かめておくことと同時に、動詞や形容詞、名詞を学ぶ際に、それと結びついて用いられる前置詞をいっしょに覚えておくことが大切です。そうすることできちんとしたフランス語の文章を作って話したり書いたりできますし、読んだり聞いたりする場合にも正確に理解できるものです。

今回のこの問題の全体の得点率は 48% でした。設問ごとにくわしく見ていきましょう。

(1) Ces chocolats viennent de (chez) Dupont.「これらのチョコレートはデュポンのお店のだ」という意味です。「～の家で」、「～の店で」を意味する前置詞 chez は、de、par といったほかの前置詞といっしょに使うこともできます。この設問の場合には「～の店から」という意味で de とともに使われています。得点率は高く、87% でした。

『ラルースやさしい仏仏辞典 Niveau 1』の chocolat の項をひいてみましょう。どういう場合に数えられる名詞として使われ、どういう場合に数えられない名詞として使われるかが説明されていることがわかりますか。

(2) Elle était (sous) la douche quand la terre a tremblé.「彼女がシャワーを浴びていたとき、地震が起きた」という意味です。「シャワーを浴びる」という日本語に対応するフランス語としては prendre une douche はすでに知っているでしょうが、「シャワーを浴びている」という状態を表わす場合には、この設問で使われている être sous la douche という言い方ができます。得点率は 52% でした。

この文のように、主節に直説法半過去が使われ、quand でみちびかれる従属節に複合過去が使われている場合にどう理解したらよいかは、第1部筆記試験 6 の 練習問題 2 で解説されています（70 ページ）。参照してください。

(3) Je me disais (dès) le début qu'il était coupable.「最初から彼が有罪

だと思っていたんだ」という意味です。「(早くも)～から」という意味で使われる前置詞 dès は目にする機会があまりなく、意外に使いこなすのがむずかしいかもしれませんが、『ラルースやさしい仏仏辞典 Niveau 1』の dès の項をひいて、そこにあげられている例文 (« Ce film m'a plu dès le début. » など) をよく読んで身につけておくとよいでしょう。得点率は36％でした。

　この文では se dire que + ind. 「～と思う」という表現も使われています。これも自分で自在に使うのはそう容易ではないかもしれません。この機会に『ラルースやさしい仏仏辞典 Niveau 1』の dire の項を参照し、そこに載っている例文 (« Je ne vous ai pas écrit parce que je me suis dit que j'arriverais avant ma lettre. ») と解説を読み、ついでにほかの例文も熟読しておくとよいでしょう。すでに知っていると思っている単語でもさまざまな使い方があることが再認識できるでしょう。

　(4) Nous serons (de) retour au bureau à 14 heures. 「私たちは午後2時に会社に帰っているでしょう」という意味です。retour という名詞を使った表現にはいろいろありますが、そのひとつがこの設問で使われている être de retour「帰っている」です。成句的な使い方に苦労した受験者が多かったようです。得点率は17％でした。

　日本語の「帰る」に対応する動詞として思いつくのは rentrer、retourner、revenir でしょうが、それぞれの使い分けはきちんと身についているでしょうか。不安な人は辞書で確認してみましょう。

　解　答　(1) ②　　(2) ⑧　　(3) ④　　(4) ③

2　解　説　自然な日本語の文をフランス語の文に書きかえる際に必要となる単語を空欄に記す問題です。日本語の文がフランス語の文と1語1語対応しているとはかぎりませんから、日本語の文の内容をよく理解して、それを自然なフランス語にするとどういう表現が可能かを推測したうえで問題文をよく検討してください。

　今回のこの問題全体の得点率は18％でした。前回とくらべると上昇し、例年と同じくらいになりました。それでは1問ずつくわしく見ていきましょう。

　(1)「つらくなる」という日本語に対応するフランス語をさがすと、faire de la peine à qqn が思い出せるでしょう。したがって空欄には peine が入ります。得点率は33％でした。誤答としては *mal*、*triste*、*patience* など

がありました。

　『ラルースやさしい仏仏辞典 Niveau 1』の peine の項をひくと、この表現は主語に人か ça をとると指摘され、« Je ne voudrais pas te faire de peine, mais il vaut mieux que je te dise la vérité. » « Ça me fait de la peine de te voir aussi triste. » という例文が載っています。こういった文の形で覚えておくと、自分でもよく使いこなせるようになります。ついでにそのほかの表現（avoir de la peine à + inf. ; se donner la peine de + inf. など）も身についているか確認してみましょう。

　(2)「あなたはまちがっています」が avoir tort で言われている部分であることはすぐにわかるでしょうから、「それでも〜」をフランス語でどう表現するか考える必要があります。「〜をさまたげはしない」という意味で cela n'empêche pas que 〜 を思い出せば、空欄には empêche が入ります。interdit、exclut を入れても正解ですが、これらの動詞を思いつかない受験者が多く、*est*、*a*、*arrive* などの誤答が見られました。得点率は 9％でした。

　(3)「記憶」が mémoire（女性名詞のほうです。ついでに男性名詞がどういう意味か、はっきりしない人は辞書で確認してみましょう）であることにもとづいて、「記憶ちがいである」とは「記憶がまちがわせる」と言いかえられると思いつけば tromper が空欄に入ることがわかるでしょう。trahir でも正解です。誤答としては *faut*、*faute*、*tort* などがありました。得点率は 7％でした。

　『ラルースやさしい仏仏辞典 Niveau 1』の tromper の項には 2 つの挿絵が載っています。それぞれのキャプション (légende) を想像してみましょう。どういう文が可能かは同書巻末（909 ページ）に見ることができます。具体的なイメージとともに単語の使い方が記憶できるのではないでしょうか。

　(4)「教えてよ」という日本語に対応するフランス語をさがすといろいろな可能性がありそうですが、動詞 tenir を用いたものとしては tenir qqn au courant de qqch があることはすぐにわかるでしょうか。したがって空欄には courant が入ります（fait も可です）。誤答としては *bout*、*fin*、*cours* などがありました。得点率は 22％でした。

　『ラルースやさしい仏仏辞典 Niveau 1』には au courant という見出しでこの表現は載っています。se tenir au courant de qqch というように代名動詞でも使いますから、例文（« Tu devrais lire le journal, comme ça, tu te tiendrais au courant de ce qui se passe dans le monde. »など）をよく読んで理解しておきましょう。

(5)「お大事に」という日本語は「健康に気をつけなさい、養生しなさい」と言いかえられるでしょう。そのうえで問題文で空欄のうしろに代名詞があることから、代名動詞の命令形だろうと推測すれば、se soigner を活用させた soignez-vous がここで使われているとわかるでしょう。最初の文で 2 人称複数が使われていますから、命令形も当然 2 人称複数にしますし、文頭ですから大文字で始めなくてはいけません。したがって正解は再帰代名詞を除いた部分 Soignez です。文脈から判断して「休息をとりなさい」という意味で Reposez も、「体を大切にしなさい」の意味で Ménagez も可ですが、「厚着をしなさい」の意味の se couvrir を使った Couvrez は意味が離れすぎているので不可です。誤答としては Soyez、Allez、Faites などが見られました。得点率は 22％でした。

解　答　(1) peine　(2) empêche　(3) tromper
　　　　　 (4) courant　(5) Soignez

3　**解　説**　2 つの文 A と B があたえられており、B の文には 1 語だけ空欄があります。A と B がほぼ同じ意味になるように、不定詞の形であたえられた 8 つの動詞のなかから適切なものを選び、それを必要な形に活用させて空欄をうめるという問題です。せっかく正しい動詞を選んでも、時制と叙法でまちがえたり、活用形のつづりをきちんと書けなかったりする受験者が少なくありません。日ごろから手を使って活用の練習をしておけば試験の際に迷うことはないでしょう。

問題全体の得点率は 23％でした。それでは各設問をくわしく見ていきましょう。

(1) A の文は「もうじき夏になるから、少し体重を減らさないといけない」という意味です。B の文は「夏までに少し〜しなくてはいけない」という意味ですから、空欄には「やせる」を意味する maigrir を選択肢から選んで活用させればよいとすぐにわかるでしょう。il faut que につづく節ですから、もちろん接続法現在 maigrisse にします。得点率は 23％でした。せっかく正しい動詞を選んでも活用をまちがえた受験者が多く、誤答としては *maigris*、*maigre*、*maigri* といったものがありました。

189

接続法の活用を苦手にする受験者が少なくありませんが、日常的に使われるものですからよく確認しておきましょう。

(2) **A** の文は「この提案は彼女を怒らせた」という意味です。過去分詞が女性形になっていることから、直接目的の代名詞 l' が la のエリジョンした形であることはわかるでしょう。**B** の文は「この提案のせいで彼女は怒り～」となっていますから、colère を使って「怒りだす」という意味の表現 se mettre en colère が使えると推測できるでしょう。**A** の文に合わせて直説法複合過去 s'est mise にすれば正解です。得点率は 33% でした。過去分詞を男性形にして s'est *mis* と書いたり、現在形にして *se met* としたり、活用が適切にできなかった受験者が見うけられました。

代名動詞の過去分詞の性数一致はフランス語を母語にしている人たちでもまちがえる点ですが、きちんと規則が頭に入っていればさほどむずかしくはありません。はっきりと覚えていない場合にはこの機会に文法書で再度確認しておくとよいでしょう。

(3) **A** の文は「私の予想に反して、彼は試験に落ちた」という意味です。**B** の文は「彼が試験に～すると私は思っていた」という意味ですから、空欄には「受かるだろう」という意味のフランス語が入ればよいと推測できるでしょう。選択肢のなかから réussir を選ぶことは容易でしょうが、問題はそのあとです。主節の動詞が半過去 croyais になっていますから、過去における未来を表わす条件法現在 réussirait にすれば正解であるとすぐにわかるでしょうか。過去における過去を表わす大過去 avait réussi も、過去の事柄に関する推測を表わす条件法過去 aurait réussi も「彼が試験に受かったと思っていた」という意味ですので、**A** の文と同じ意味にはなりませんからまちがいです。正しい動詞を選びながら *a réussi*、*réussit*、*résussisse* などと書いてしまった受験者がいたほか、*passer* を選んで活用させた答案も見られましたが、この動詞は「受験する」という意味で、「合格する」という意味ではありません。得点率は 9% でした。

条件法もきちんと身についていない受験者が少なくない叙法ですから、基本的な用法をよく覚えていない人は文法書を再読することをおすすめします。

(4) **A** の文は「手続きは簡略化されるだろう」という意味です。**B** の文は「われわれは手続きを、いまより簡単に～」という意味ですから、空欄には rendre qqch + adj. という形で「～を…にする」を意味する動詞 rendre を直説法単純未来 rendrons にして入れればよいとわかるでしょう。

正しく動詞を選べずに *rapprocher*、*se mettre*、*se porter* などを選んで活用した答案が散見しました。得点率は 27％ でした。

　この機会に『ラルースやさしい仏仏辞典 Niveau 1』の rendre の項をひいて、さまざまな例文（« Papa, tu peux arrêter la voiture ? J'ai envie de rendre. » など）をもとに多様な用法が身についているか、確認してみましょう。

　(5) **A** の文は「君たち（あるいはあなた）、もっと小さい声で歌ってくれないかな？　ぼくたちはおたがいの声が聞こえないんだ」という意味です。**B** の文は仮定を表わす従属節で始まっていて、「君たち（あるいはあなた）が少し声を〜してくれれば、ぼくたちは今よりよくおたがいの声が聞こえるんだけど」という意味です。したがって空欄には「（声を）落とす」を意味する baisser を選んで活用させればよいとわかるでしょう。主節が条件法現在ですから、si でみちびかれる節には直説法半過去が入り、正解は baissiez です。せっかく正しい動詞を選びながら、*baissez* という直説法現在にしたり、条件法現在 *baisseriez*、直説法単純未来 *baisserez* にしたりといった誤答がかなり見られました。得点率は 25％ でした。第 1 群規則動詞の活用ですから、落ちついて答えましょう。

解答　(1) maigrisse　(2) s'est mise　(3) réussirait
　　　　(4) rendrons　(5) baissiez

④ **解説**　長文に 5 つの空欄が設けられており、それぞれ 3 つの選択肢のなかから文章の流れに合うものを選ぶ問題です。それぞれの選択肢はどれを入れても文法的に正しいようにできていますので、空欄の前だけを見て選ぼうとしてもうまくいきません。空欄をうめてから空欄のうしろも読み、さらに文章全体の論理展開に合うかどうか検討してください。

　この問題全体の得点率は 65％ でした。それでは各設問を見ていきましょう。

　(1) 第 1 段落冒頭では、Dijon の Thomas という 27 歳の青年の家に数百匹のネズミが繁殖していることが説明されています。「たとえそれらの動物が壁や家具のいくつもの部分を食べたとしても、彼は（　1　）」という文の空欄をうめるには、その直後で Thomas が「たしかにネズミは多すぎるけれど、ぼくは本当にネズミを飼いつづけたいんだ」と言っているところに注目する必要があります。この文脈からすれば正解は ①「それらを追

い出すのはためらっている」であり、②「それらを近所の人たちにあげようと考えている」でも③「絶対にそれらを殺したい」でもないことはわかるでしょう。得点率は 71% でした。

（2）Thoms がそれほどネズミに愛着を感じている事情が次に説明されています。2013 年に祖父母が亡くなって、病気になったことが述べられたあとに、「ネズミのおかげで（ 2 ）を通り抜けることができた」という空欄をふくむ文があります。選択肢は①「この困難な時期」、②「彼の家の門」、③「彼の隣人の女性の庭」ですから、具体的な空間ではなく時間的な意味で passer à travers ～「～を通り抜ける、乗り越える」が使われていると判断すれば正解が①であるとわかるでしょう。得点率は 35% でした。

（3）第 1 段落の最後で、当初 3 匹だけだったネズミが 400 匹を超えるほどに繁殖したことが述べられたあと、第 2 段落冒頭に「状況が（ 3 ）と気づいたとき、ある友人が当局に電話をした」という空欄をふくむ文があります。繁殖の状況を見れば、正解は①「コントロールできないほどになった」であり、②「もう問題は起こしていない」でも③「少しずつ改善していた」でもないことは容易にわかるでしょう。得点率は 88% でした。

（4）通報以前にも近所の人たちが、それほど多くのネズミと暮らす危険を Thomas に警告しようとしていたという説明のあと、近所の女性の発言が引用されています。「彼に言ったんですよ、ネズミは猛スピードで繁殖しますよってね。それこそが（ 4 ）ことです」という空欄をふくむこのせりふは、ネズミが繁殖してしまった事態をうれいているわけですから、正解は①「起きた」です。②「起きなかった」と③「起きようとしています」では文脈には合いません。得点率は 60% でした。

（5）つづく文にも空欄があり、「この若者はついに動物たちの駆除（ 5 ）ことにした」となっています。空欄をうめるには、本文最後でボランティアがもうじき来て、ネズミたちを運び出すことになっているが、Thomas はよい条件の人たちに引き取ってもらいたいという希望をもっていると述べられていることを考慮する必要があります。つまりこの青年は家からネズミを追い出すことに同意したのですから、正解は①「（駆除に）同意する」であり、②「（駆除を）拒否する」でも③「（駆除を）あきらめる」でもありません。得点率は 70% でした。

|解 答|　(1) ①　　(2) ①　　(3) ①　　(4) ①　　(5) ①

5 　解　説　　対話形式の長文に5つの空欄が設けられており、それぞれに適合する文を7つの選択肢から選ぶ問題です。近年の傾向としてはジャーナリストによるインタビュー形式の出題が多く、今回もそのような問題でした。エッフェル塔の階段を駆け上る競争に参加するHubertがインタビューの相手です。

　問題全体の得点率は70％でした。
　それでは各設問をくわしく見ていきましょう。
　(1)「エッフェル塔を徒歩で上る競争に参加なさるのですね」というジャーナリストの発言につづいてなされた質問に対して、Hubertは「はっきりはわかりません。1500くらいでしょうか…」と答えています。数字を問う質問を選択肢のなかでさがすと、⑥ Savez-vous combien de marches vous allez devoir grimper ?「（階段を）何段上らなくてはいけないかご存じですか」があります。Hubertが約1500段と答えていたのだと理解できますから、これが正解だとわかるでしょう。得点率は77％でした。

　(2) まず「まったくそんなことはありません」とHubertは答えていますから、ouiかnonで答えられる質問だとわかります。答えのつづきの部分で「3000段と言われても、それでなにも変わることはありません」と言われていますから、階段の段数が話題にまだなっていて、それに対するHubertの反応が問われているのだろうと推測できます。それに適合する質問を選択肢のなかでさがすと、① Cela ne vous décourage pas ?「それで（走る）気力をくじかれることはありませんか」があります。この質問を空欄に入れてみるとちょうど合いますから、これが正解だと判断できるでしょう。得点率は65％でした。

　Hubertの返答の2番目の文ではふたつの節がいずれも条件法をふくんでいます。『プチ・ロワイヤル仏和辞典』巻末の文法解説で条件法現在の項目をさがすと、そこに「帰結節に先行する節で、現在・未来の事実に反する仮定を表わす」といった説明があたえられています。初級文法で「Si＋半過去、（主節）条件法現在」という組み合わせを習ったでしょうが、その従属節のかわりに、接続詞なしで条件法現在が使われていると考えればわかりやすいでしょうか。この場合、最初の節は「もしあなたが3000段と言ったとしても」といった意味になるわけです。

　(3)「私は一定のリズムを保つように努力するつもりです。もし人が急にスピードをあげると、体を痛めることがありえますから」といった趣旨の

Hubert の返答から、彼が競技の際にどういう走り方をするつもりか、未来のことをジャーナリストが尋ねたのだろうと想像できます。そこで選択肢のなかでふさわしい質問をさがすと、未来形が使われている ④ Quelle sera votre méthode ?「あなたの方法はどういうものになりますか」だとわかるでしょう。質問と応答の内容だけでなく、使われている動詞の時制にも注意すると解答しやすくなります。得点率は 85％ でした。

　この Hubert の返答の後半で使われている vous は、特定の相手を指して「あなた（あなた方）」と言っているのではなく、一般論を言うときに「人間一般」を指して使われるものです。このような使い方にも慣れておくとよいでしょう。この文に出ている se faire mal という表現を理解するには、『ラルースやさしい仏仏辞典 Niveau 1』の mal の項（男性名詞のほう）を参照するとよいでしょう。そこに載っているさまざまな表現（avoir mal, se faire mal (à une partie du corps)；faire mal à qqn；faire du mal à qqn など）が身についているでしょうか。

　(4)「不可能です、あまりに速すぎますから」とまず Hubert は答えていますから、ここでも oui か non で答えられる質問がジャーナリストから出されたと考えられます。「私は自分の脚の動きに集中していて、より速く走れるように、いつでも 2 段ずつ上るのです」とつづけて Hubert が話していることも考慮すると、選択肢のなかで ⑦ Vous comptez les marches en courant ?「走りながら（階段の）段を数えていますか」がふさわしいとわかるでしょう。選んだあとに前後の流れを確認してみましょう。得点率は 62％ でした。

　(5) Hubert は「運がいいことに、私は 20 階建てのビルの隣に住んでいて、そこの階段を上り下りしているんです。すぐ近くでトレーニングができるんですから私にとっては理想的です」といった趣旨のことを答えていますから、日ごろの訓練に関して尋ねられたのだろうと考えられます。それにふさわしい質問は ② En quoi consiste votre préparation ?「あなたはどういう準備をしていますか」だとすぐにわかるでしょう。得点率は 63％ でした。

　『ラルースやさしい仏仏辞典 Niveau 1』の consister の項をひいてみましょう。不定詞をともなう場合と名詞をともなう場合の構文が例文（« Si ce travail consiste à écrire des adresses sur des enveloppes, tu peux le faire chez toi. » « C'est vrai que l'examen ne consiste qu'en une seule épreuve ? » など）とともにあげられているのがわかりますか。この問題のジャーナリストの最初の発言でも使われています。それぞれの使い方が身についているか確認してみましょう。

解答 (1) ⑥　(2) ①　(3) ④　(4) ⑦　(5) ②

6 **解説** 長文の内容一致の問題です。あたえられた 7 つの文が本文の内容に一致しているか否かを判断します。

問題全体の得点率は 76％でした。

正誤が問われている問題の文を順に確認しながら、本文の内容と一致しているか見ていきましょう。

(1) Castle est le premier hôtel en France spécialement fait pour les chats.「Castle はフランスで最初の猫専用ホテルだ」という文です。本文第 1 段落冒頭で、パリに半年前に猫カフェが生まれたのにつづいて、最初の猫専用ホテルが Tours で開業したとあり、そのホテルが Castle という名前であることがわかりますから本文の内容に一致します。得点率は 87％でした。

(2) Castle offre le confort de chambres individuelles.「Castle では個室の快適さが提供される」という文です。猫が集団で同じ部屋に押し込められるのではないということは本文第 1 段落第 3 文に「Castle では猫は個室で眠る」とあることに対応しています。したがって正解は①です。得点率は 93％でした。

(3) Sandrine considère Castle comme un hôtel de luxe pour chats.「Sandrine は Castle を猫専用の高級ホテルだと見なしている」という文です。本文第 1 段落第 5 文では、たしかに「高級ホテルのようだ」と言われていますが、つづく第 6 文で、若い経営者である Sandrine がその高級というイメージは払拭しようとしていることが語られていますから、本文の内容に一致しません。得点率は 50％でした。

(4) D'après Sandrine, les vétérinaires ne se sont pas montrés favorables à son idée.「Sandrine によると、獣医たちは彼女のアイデアに好意的な態度ではなかった」という文です。第 2 段落で引用されている Sandrine のことばに注目すると、そこでは何人もの獣医に会って経験談や意見を聞き、彼らが彼女の計画に賛成してくれたといった内容ですから、この文は本文

195

の内容に一致しません。得点率は 90% でした。

　本文では positif という形容詞が使われているのに対して、短文では favorable という形容詞が使われています。両者の意味が似ていることがきちんと理解できているでしょうか。『ラルースやさしい仏仏辞典 Niveau 1』でそれぞれの項を参照してみましょう。同義語や反意語にも注目すると語彙をふやすのに役立つでしょう。

　(5) Sandrine a changé de travail pour créer Castle.「Castle を始めるために Sandrine は転職した」という文です。本文第 2 段落の最後の文で、ホテルを始めるために、Sandrine はそれまではたらいていた医療業界の仕事をやめたといったことが述べられていますから、本文の内容に一致します。得点率は 80% でした。

　(6) Sandrine a facilement obtenu un prêt bancaire.「Sandrine は簡単に銀行からお金を借りることができた」という文です。本文第 3 段落冒頭で、Sandrine が融資を得るのに苦労したことが述べられ、つづいて、銀行が貸し渋った話が引用されていますから、本文の内容に一致しません。短文と本文のそれぞれを冷静にくらべれば解答するのにそれほどの苦労はないでしょう。得点率は 97% でした。

　(7) Ce sont les parents de Sandrine qui ont apporté l'argent nécessaire pour réaliser son projet.「Sandrine の両親が、彼女の計画実現に必要なお金を提供してくれた」という文です。本文最後で、銀行から借金するにあたって、Sandrine の両親が保証人にならなくてはいけなかったという彼女のせりふが引用されています。したがって、短文は本文の内容に一致しません。保証人がお金を提供するのではないことがわかりにくかったようで得点率は 36% でした。

解答 (1) ①　(2) ①　(3) ②　(4) ②　(5) ①　(6) ②　(7) ②

7　**解説**　対話文に設けられた 5 つの空欄に、それぞれ 4 つの選択肢から適切なものを 1 つ選んで入れる問題です。筆記試験 5 も対話文の空欄補充問題ですが、質問文を尋ねるものでした。7 では、やりとりのなかの文や文の一部が問われます。対話文が自然な流れになるように気をつけながら解答していく必要があります。

今回、この問題全体の得点率は72％でした。
　では対話文の流れを追いながら、各設問のポイントを見ていきましょう。
　(1) 部屋に入ってきたChantalが、暗いのに驚いて「どうしてカーテンを引いたの？」と尋ねたところ、Jeanneが「そうしないと太陽の光が部屋に入りすぎるからよ」と答えたの対して、Chantalがどう答えたのかが問題です。(2) につづく発言（Au contraire.）から、Chantalは Jeanneに同意していないとわかります。① C'est vrai「本当ね」、③ Je pense aussi「私もそう思う」、④ Tout à fait「まったくね」では同意することになりますから、正解は② Je ne trouve pas「私はそうは思わない」です。得点率は77％でした。
　(2) カーテンをあけるかあけないかというやりとりをしたあと、Chantalが「でもここはなにも見えないじゃない」と言ってから「目に悪いわよ」と言う前に(2)があります。つなぎの表現として何がふさわしいかを考えます。① En plus「そのうえ」、② Heureusement「幸運にも」、③ Malgré ça「それにもかかわらず」、④ Ou bien「あるいは」のなかでふさわしいのが①であることは容易に判断できるでしょう。得点率は86％でした。
　(3)「目に悪いわよ」とChantalが言うのに対して、Jeanneがどう答えたかが問題です。(3)につづいて「明るすぎると病気になるのよ」と言っていますから、Jeanneはあくまで Chantalの意見には賛成せず、自分が正しいと主張していることがわかります。選択肢を見ると① Je me trompe「私がまちがっている」、② Je te donne raison「あなたが言うとおりね」、③ Tu as raison「あなたは正しい」では自分の非を認めたことになりますから適合しません。正解は④ Tu as tort「あなたはまちがっている」です。得点率は63％でした。
　(4) どうして明るすぎると病気になるなんてわかるのと言うChantalに対して、Jeanneは彼女の祖母がしじゅう電気をつけていたために60歳で片目が見えなくなったことを例としてあげます。それにChantalが「因果関係は(4)」と答えているわけです。解答にあたっては、直後にJeanneがSi !「いや、そうではない」と相手の否定的発言に反対していることに注目するとよいでしょう。選択肢は① Cela indique une「それは（因果関係が）あることを示している」、② Il doit y avoir une「（因果関係が）あるにちがいない」、③ Il n'y a sans doute pas「おそらく（因果関係は）ない」、④ Je ne pense pas qu'il n'y ait pas de「（因果関係が）ないとは思

197

わない」と並んでいますから、Jeanne が「いや、そうではない（因果関係はある）」と答える発言としては③が適切だとわかるでしょう。④が二重否定になっているのは理解しづらいかもしれませんが、冷静に考えれば「因果関係がある」という意味だとわかりますか。得点率は 61％でした。

　(5) Jeanne が部屋の明るさと失明の間に因果関係があることの裏づけとして祖母の医者を引き合いに出しているのに対して、Chantal は「医者というものはでたらめを言うことがある」と発言しています。それに対する Jeanne の答えが問題です。（　5　）につづいて「明るすぎるために失明したくはないのよ」と言っていますから、② En tout cas「いずれにせよ」が空欄にはふさわしいでしょう。① En général「一般的に」、③ Par conséquent「したがって」、④ Surtout「とくに」ではうまくつながりません。得点率は 75％でした。

[解　答]　(1) ②　　(2) ①　　(3) ④　　(4) ③　　(5) ②

書き取り・聞き取り試験
解説・解答

〚1次試験・書き取り〛

　解　説　書き取り試験では、音を正確に聞き取って適切な単語や表現に結びつけ、その音を正確につづり、さらに文法的に正確な文として組み立てる必要があります。とくに、語末の子音、複数の s や x など、発音されない箇所を書き足すことに気をつけなくてはいけません。そのほか、性数一致、動詞の活用などの注意点もあります。これらの点は日ごろから気をつけていないと、受験の際についまちがえてしまうものです。

　試験では、問題文は全部で 4 回読まれます。ふつうの速さで読まれる 1 回目と 2 回目は、キーワードをメモする程度におさえ、文章全体の流れを理解するようにしましょう。この段階で最初から書き取ろうとすると、書いている間に問題文を聞き逃がしてしまいます。3 回目に句読点をふくめてゆっくり読まれますので、このときに 1 語 1 語しっかり書き取ってください。最後にもう 1 回読まれるときは、自分が書いた文章にまちがいがないか、こまかい点にも注意してチェックしましょう。意味がきちんとつながるか、単数形と複数形が適切であるか、動詞の時制、人称などに合った活用ができているか、などさまざまな点を見なおすとよいでしょう。

　今回は、50 年間食料品店を村でしていて、引退したばかりの 87 歳の老女の話です。得点率は 49％ でした。第 1 文から順に見ていきましょう。

　第 1 文では、まず 87 ans という年齢が出てきています。受験者にとってはさほどむずかしいところではなかったようです。ただ、あえて文字で書こうとしてかえってまちがえた受験者もいました。数字を聞き取ることは日常生活でも旅行などでも重要ですから、よく練習しておく必要があります。

　同じ第 1 文の後半では、「引退」を意味する ma retraite が問題になります。これは prendre sa retraite「引退する、退職する」という表現でよく使われるものですが、意外につづりが正しく書けず、ma *retrait* などと書いてしまった受験者がいました。

　第 2 文では動詞の部分 j'ai ouvert が正しく書けているでしょうか。受

験者のなかには *ouverte*、*ouver* などのつづりをまちがって書いたケースも見られました。ouvrir の活用は基本的なものですから、この場合のように複合過去だけでなく、ほかの時制もこの際、再確認しておくとよいでしょう。日ごろから手で書いて覚えておく必要があります。

　同じ第 2 文にある名詞 épicerie は、受験者にとって若干むずかしかったようです。つづりが正しく書けていない答案が少なくありませんでした。基本的な単語ですから、どういう意味か『ラルースやさしい仏仏辞典 Niveau 1』の épicerie の項をひいてみるとよいでしょう。どのような品物が売られている店だと説明されているかわかりますか。

　第 4 文では le mois dernier のなかの形容詞 dernier が意外に問題になるところです。不要なアクサン記号をつけて *dernièr*、*dérnier* とするなど、つづりが正しく書けなかったり、女性形 *dernière* にしてしまったりした受験者が少なくありませんでした。この形容詞は男性形と女性形のつづりと発音を日ごろから意識しておかないと、うっかりまちがえてしまいがちです。

　同じ第 4 文の前半の節の主語にあたる ma vendeuse が女性名詞であることは聞いてすぐに理解できるでしょうか。受験者のなかには *vandeuse*、*vondeurse* といったつづりを書いてしまった答案が見られました。また、男性形 *vendeur* と書かないように気をつけましょう。そこがきちんと把握できていないと、動詞 est partie の過去分詞に女性形の e をつけることができません。実際、男性形 *parti* を書いた答案がめだちました。

　第 4 文の最後に、前置詞 pour でみちびかれる不定詞に直接目的の代名詞がついた la remplacer があります。この代名詞のように短い単語は、正確に書き取るのに苦労するものです。実際、la を書いていない答案が見られました。1 度書いた文章を読みなおし、文意がとれるかを確認し、文法の知識を総動員しながら推敲していくとよいでしょう。他方、la は書けても remplacer のつづりが正しく書けなかった受験者も少なくありませんでした（誤答は *remplacée*、*remplaser* など）。基本的な動詞ですから、日ごろからつづりは手で書いて身につけておきましょう。

　第 5 文でも動詞の部分がむずかしいかもしれません。devoir の複合過去 j'ai dû を使って j'ai dû fermer と書かないといけないのですが、過去分詞 dû を聞き取れずに j'ai *fermé* などと書いてしまった答案がめだちました。短い単語でも無視せずに正確に書き取るように注意する必要があります。

第6文では、基本的な形容詞 content が語り手（女性）に合わせて女性形 contente になっていることはすぐに聞き取れたでしょうか。語末の発音が男性形と女性形でちがいますから、この区別はさほどむずかしくはないはずです。誤答としては content がそれでもありました。

第7文では、基本的な動詞 prendre の直説法現在1人称単数 prends が正確に書けなかった受験者が少なくありませんでした。語末の s を忘れないようにしましょう。この機会に prendre の活用を見なおすことをおすすめします。

同じ第7文にある副詞句 tous les matins は基本的な表現ですから、だれもがよく使っているはずですが、つづりを書くときに意外にまちがえてしまう受験者がいました（誤答は tous les *matin*、*tout* les *matin* など）。すべて複数であることを忘れないようにしましょう。

第7文の最後にある名詞 voisines は、女性複数ですから、女性形の e と複数形の s を忘れてはいけないのですが、これも苦労した受験者が若干いて、*voisins*、*voisine* などと書いた答案が見られました。第6文の content、contente と同じように voisin、voisine は男性形と女性形で音がちがうものですから、聞き取って区別するのは容易なはずです。

最後の文では、主語と同格で使われている不定代名詞 tout の女性複数形 toutes が正確に書けるでしょうか。*tout* と書いたり、*toute* と書いたりした答案がめだちました。

『ラルースやさしい仏仏辞典 Niveau 1』の tout の項は長いですが、よく読んでみるとよいでしょう。この単語は知っているつもりでも意外に使いこなすのがむずかしいものです。例文（« Il croit tout savoir, mais il ne sait rien. » « J'étais tellement fatiguée que je me suis couchée tout habillée. » など）と解説を熟読し、自分で正しく使えるようにしてください。

解答 J'ai 87 ans et je viens de prendre ma retraite. Il y a 50 ans, j'ai ouvert une épicerie dans mon village. J'ai toujours aimé travailler. Mais le mois dernier, ma vendeuse est partie à la ville et je n'ai trouvé personne pour la remplacer. C'est pour cela que j'ai dû fermer le magasin. Maintenant, je suis contente. Je prends un café tous les matins avec mes voisines. Ce sont toutes d'anciennes clientes.

【1 次試験・聞き取り】

1

（読まれるテキスト）

La journaliste : Clément, on dit que la semaine dernière, vous avez présenté un film peu banal au cinéma « Écran Lyon ».

Clément : Oui, c'est un petit film que j'ai créé pour demander mon amie Manon en mariage.

La journaliste : Comment ça s'est passé ?

Clément : J'ai invité Manon à la séance d'un film d'amour. Après les publicités, on a présenté mon film de deux minutes.

La journaliste : C'est sur quoi, votre film ?

Clément : Ça concerne des moments que j'ai vécus avec Manon.

La journaliste : Quelle a été la réaction de votre amie ?

Clément : Elle était très émue. En pleurant, elle a accepté de se marier avec moi.

La journaliste : Vous êtes content, j'imagine.

Clément : Bien sûr. Je remercie vraiment Patrice, le directeur d'« Écran Lyon ». Manon et moi, nous lui avons promis de rester fidèles à ses salles de cinéma.

（読まれる質問）

un : Dans quel but Clément a-t-il créé un film ?
deux : Qu'est-ce que Clément a proposé à Manon ?
trois : Que raconte le film de Clément ?
quatre : Quand est-ce qu'on a passé le film de Clément ?
cinq : Comment Manon a-t-elle réagi ?
six : Qu'est-ce que Clément et Manon ont promis à Patrice ?

解説 対話を聞いたあと、それについての6つの質問を聞き、それに対する答えを完成させる問題です。あらかじめ問題冊子に印刷されている

答えの文を読んでおくと、聞き取るべきポイントをある程度予測することができるでしょう。

　対話は全部で3回読まれます。1回目に読まれるときは全体の流れを把握するようにしましょう。次に質問が読まれますから、質問の内容を理解し、2回目に対話を聞くときにポイントをおさえるとよいでしょう。2回目に質問が読まれるときには、それぞれの質問文の間にポーズがおかれますから、その間に空欄をうめてください。対話で使われている単語をそのまま書けばよい場合が多いですが、ときには変化させないといけない場合もあります。3回目に対話が読まれる際には、自分が記入した答えが対話の内容に即しているかどうか、質問の形式に合っているかチェックしましょう。空欄をうめてできた文がきちんとした文になっているかも忘れずに見なおすことをおすすめします。

　今回は、ある特別な映画を上映した Clément へのインタビューです。問題全体の得点率は例年より低く31％でした。各設問ごとに見ていきましょう。

　(1) 「先週、映画館 Écran Lyon でめずらしい映画を上映したそうですね」というジャーナリストの問いかけに、Clément は「そうです。恋人の Manon に結婚を申し込むために作った短い映画なんです」と答えています。第1の質問「Clément はどういう目的で映画を製作しましたか」はこの部分に対応します。問題冊子に印刷されている文は「彼の（　　）Manon に結婚を申し込むため」という意味ですから、空欄には「恋人」を意味する amie が入ります。空欄の前が son ですから、母音で始まる女性名詞でないといけません。受験者のなかには ami と男性名詞を書いたケースもありますが、Manon が女性であることに注意すればそのような誤答は避けられるでしょう。得点率は50％でした。

　(2) その上映の際のようすをくわしく教えてほしいというジャーナリストの発言に対して、Clément は「ある恋愛映画の上映に誘ったんです。コマーシャルのあとにぼくの2分間の映画が上映されました」と答えています。この答えの前半が第2の質問「Clément は Manon に何をしようと提案しましたか」に対応しています。印刷されている文の最初の空欄には「誘う」を意味する動詞 inviter の過去分詞女性形 invitée が入ります（amenée、conviée、emmenée でも可です）。直接目的の人称代名詞が動詞より前にあり、それが「彼女を」の意味ですから、当然、過去分詞は女性形にしないといけません。それを忘れて invité と書いてしまった受験者が

203

多くいました。得点率は 18％ でした。第 2 の空欄には amour を入れると film d'amour「恋愛映画」という意味になります。animaux と書いた受験者がいましたが、基本的な単語の聞き取りをまちがえないように気をつけましょう。得点率は 75％ でした。

(3)「あなたの映画は何についてですか」というジャーナリストの質問に Clément は「ぼくが Manon と過ごしたときのことです」と答えている部分が、第 3 の質問「Clément の映画は何を話題にしていますか」に対応しています。インタビューで使われている表現をそのまま使い、最初の空欄に moments、第 2 の空欄に vécus（passés も可）と入れれば正解です。最初の空欄に入れるべき単語が聞き取れなかった受験者が少なくなかったようですし、複数の s を忘れて moment とした答案も見られました。また、ここでも過去分詞の形に注意しないといけません。男性単数の vécu を書いた受験者が少なくありませんでしたし、さらにつづりをまちがえて vecu、veçu などとした答案もめだちました。なお、最初の空欄に expériences と入れても正解ですが、その場合には第 2 の空欄は女性形複数 vécues にする必要があります。得点率はそれぞれ 32％ と 1％ でした。

(4) 第 4 の質問「Clément の映画はいつ上映されましたか」は、(2) でひいた Clément の発言「ある恋愛映画の上映に誘ったんです。コマーシャルのあとにぼくの 2 分間の映画が上映されました」の後半部分に対応しています。「コマーシャル」を意味する publicités を空欄に入れれば正解です（pubs も可）。空欄の前に定冠詞複数形 les がありますから、名詞は当然複数形にしなくてはいけませんが、ここでも単数形 publicité にした受験者が見られました。得点率は 23％ でした。

(5) ジャーナリストが「あなたの恋人の反応はどうでしたか」と尋ねると、Clément は「とても感動していました。泣きながらぼくと結婚することを承諾してくれました」と答えています。第 5 の質問「Manon はどのように反応しましたか」はこの部分に対応しています。読まれるテキストで使われている、「感動している」という意味の émue を入れれば正解ですが、類義語の touchée でも可ですし、「嬉しい」という意味で contente、heureuse を入れることも可能です。いずれの場合も女性形にすることを忘れないようにしましょう。得点率は 42％ でした。

(6) 第 6 の質問「Clément と Manon は Patrice に何を約束しましたか」は、Clément の最後の発言のなかで「Manon とぼくは彼（映画館 Écran Lyon

の経営者 Patrice）にずっと映画館に通うことを約束しました」とある箇所に対応しています。空欄には「（店などを）行きつけにする」という意味の形容詞 fidèle を複数形 fidèles にして入れれば正解です。この単語も複数形にしなかったり、正確なつづりが書けなかったりした受験者が少なくありませんでした（誤答は *fidèle*、*fidel*、*fidele*、*fidéle*、*fidelle* など）。得点率は 3％でした。

『ラルースやさしい仏仏辞典 Niveau 1』の fidèle の項をひくと、« Je suis fidèle à mon boucher, sa viande est très bonne. » といった例文が載っています。よく読んで用法を身につけておきましょう。

解　答　(1)（amie）　(2)（invitée）（amour）　(3)（moments）（vécus）
　　　　　(4)（publicités）　(5)（émue）　(6)（fidèles）

2

（読まれるテキスト）

　Hier, un incendie important s'est produit dans une maison de Lausanne. Le responsable ? Une bouteille d'eau posée sur le bord d'une fenêtre. Selon les pompiers, en effet, les rayons du soleil sont passés à travers la bouteille et ont mis le feu aux rideaux. L'incendie s'est ensuite étendu dans le reste de la maison, brûlant une bonne partie du toit. Au moment du départ de l'incendie, heureusement, les habitants se trouvaient dans le jardin. Ils donnaient une fête pour l'anniversaire de la fille aînée. Mais le chien de la maison, lui, est mort, étouffé par les fumées.

　Le père de famille reconnaît qu'avant l'incendie, il était complètement inconscient de ce danger. « Je souhaite que les gens prennent des précautions pour éviter un accident pareil », a-t-il dit. Ce n'est pas un conseil inutile puisque, selon les pompiers, « ce genre de feu n'est pas aussi rare qu'on le pense ».

（読まれる内容について述べた文）

> un : Une bouteille d'eau posée sur le bord d'une fenêtre est à l'origine de l'incendie.
> deux : L'incendie a eu lieu la nuit.
> trois : Les pompiers supposent que ce sont des rideaux qui ont pris feu.
> quatre : Le toit de la maison n'a pas brûlé.
> cinq : Les habitants de la maison se trouvaient à l'extérieur lorsque le feu s'est produit.
> six : Au moment du départ de l'incendie, la famille donnait une fête pour l'anniversaire de mariage des parents.
> sept : Le chien de la maison a failli perdre la vie.
> huit : Le père de famille connaissait ce danger avant l'incendie.
> neuf : Le père de famille souhaite que son malheur serve de leçon aux autres gens.
> dix : Selon les pompiers, ce genre d'incendie se produit plus souvent qu'on le pense.

　解説　ある程度の長さの文章を聞き、つづいて、その内容について述べた10の短文を聞き、それぞれについて正誤を判断する問題です。最初に問題文が2回読まれます。1回目は、どんな人が語っているのか、いつ、だれが、どこで、何をしたのかといったことに気をつけながら全体を理解していきましょう。2回目はポイントになりそうな場所、時間、数字などをメモしながら聞くとよいでしょう。つづいて10の短文が読まれます。それぞれについて、記憶とメモを頼りに正誤を判断してください。10の短文がもう1回読まれるときに、聞きまちがいがないかをチェックし、あやふやなところはこのときに確認しましょう。最後に問題文がもう1回読まれます。10の短文に関連するところに注意しながらよく聞き、正誤を最終確認するとよいでしょう。

　今回はスイスのLausanneという町で起きた火事の話です。問題全体の得点率は64％で、例年より低い結果でした。10の短文をそれぞれ見ていきましょう。

(1)「窓辺に置かれていた水の入ったビンがその火事の原因である」という文です。本文第1段落第2文と第3文で「(その火事の)犯人は窓辺に置かれていた、水の入った1本のビンである」と言われていますから、この短文は本文の内容に一致します。得点率は88％でした。

　(2)「その火事は夜に起こった」という文です。本文第1段落第4文で、ビンがどうして原因になったかの説明が消防士たちの話にもとづいてなされていて、「太陽の光線がビンを通って、カーテンに火がついた」と述べられていますから、太陽の出ている時間帯に火事が起こったことはわかります。したがってこの短文は本文の内容に一致しません。得点率は71％でした。

　(3)「消防士たちはカーテンに火がついたと推測している」という文です。(2)であげた本文第1段落第4文の内容がまさに「カーテンに火がついた」という消防士たちの話にもとづいていましたから、この短文は本文の内容に一致します。得点率は72％でした。

　(4)「その家の屋根は燃えなかった」という文です。本文第1段落第5文で、火がカーテンからその家のほかの部分に燃え移り、「屋根の大部分を燃やした」と述べられていますから、この短文は本文の内容に一致しないことはすぐにわかるでしょう。現在分詞 brûlant が本文で使われているので聞き取りにくかった受験者はいたかもしれません。得点率は63％でした。

　本文第1段落第5文で「大部分」の意味で使われている une bonne partie はすぐに理解できたでしょうか。このような bon の用法は、『ラルースやさしい仏仏辞典 Niveau 1』の bon の項でいくつかの例文（« Il y a longtemps que tu ne l'as pas vu ? — Oh ! ça fait un bon mois. » など）とともに解説されています。この機会にこの項目を読んでおくとよいでしょう。すでによく知っていると思っている形容詞 bon でも、意外に身についていない用法があるかもしれません。

　(5)「その家の住人たちは火事が起こったとき外にいた」という文です。本文第1段落第6文で、火事が起こったとき住人たちは庭にいたと言われていますから、この短文は本文の内容に一致します。dans le jardin「庭に」が à l'extérieur「外に」と言いかえられているだけですが、この程度でとまどってはいけません。得点率は71％でした。

　(6)「火事が起こったとき、その家族は両親の結婚記念日を祝っていた」という文です。本文第1段落第7文で長女の誕生日を祝っていたと言わ

れていますから、この短文は本文の内容に一致しません。同じ anniversaire という単語が使われているというだけで短文の正誤をすぐに判断しないように気をつけましょう。得点率は82%でした。

　「誕生日」という意味でよく使われる名詞 anniversaire には、うしろに何か表現をつけくわえて「〜記念日」の意味もあります。『ラルースやさしい仏仏辞典 Niveau 1』の anniversaire の項をひくと « C'est demain notre cinquième anniversaire de mariage ? — Tu te souviens de la date ! » といった例文が載っています。

　(7)「その家の犬はあやうく死ぬところだった」という文です。本文第1段落最後の文で、その家の犬が煙で窒息死してしまったと述べられていますから、この短文は本文の内容に一致しません。「あやうく〜する」という意味の動詞 faillir が使われている点を聞きおとさないように注意しなくてはいけません。そこに注意しなかった受験者がかなりいました。得点率は35%でした。

　(8)「その一家の主人は火事が起こる前にこの危険を知っていた」という文です。「この危険」というのは窓辺に水の入ったビンを置くことを指しますが、これについては、本文第2段落第1文で「この危険についてはまったく意識していなかったことをこの一家の主人は認めた」と言われていますから、この短文は本文の内容に一致しません。得点率は44%でした。

　(9)「その一家の主人は、彼の身に起こった不幸がほかの人たちに教訓になればよいと願っている」という文です。本文第2段落第2文でひかれている、その一家の主人のことば「このような事故を避けるために人々が用心してくれることを私は願っている」とくらべれば、この短文が本文の内容に一致していることは容易にわかるでしょう。得点率は65%でした。

　⑽「消防士たちによればこの種の火事は、人が思う以上に頻繁に起こっている」という文です。この短文は本文最後の引用、「この種の火事は、人が思うほどまれではない」と同じ内容ですから、正解は①です。本文で使われている表現が短文の表現とちがうだけでとまどわないためには、日ごろから語彙をふやす努力をしておくとよいでしょう。得点率は50%でした。

2015年度秋季2級書き取り・聞き取り試験　解説・解答

解　答　(1) ①　　(2) ②　　(3) ①　　(4) ②　　(5) ①
　　　　　(6) ②　　(7) ②　　(8) ②　　(9) ①　　(10) ①

1次試験配点表

筆記試験	1	2	3	4	5	6	7	小計	書き取り	小計	聞き取り	1	2	小計	合計
	4点	10	10	10	10	14	10	68	14	14		8	10	18	100

2 次 試 験
解 説

〚2 次試験・面接〛

　面接試験は、フランス語のネイティブスピーカーと日本人の面接委員が1組になっておこないます。試験時間は約5分です。明るくBonjour！とあいさつしながら入室しましょう。面接委員が受験者の名前を確認したあと、あらかじめ用意された質問のなかから受験者に適切と思われるものを選んで質問します。それを糸口にして会話が始まります。

　2級の面接試験では、日常生活と関連のある話題について基本的なフランス語表現を使ってコミュニケーションをすることができるかどうかが問われます。したがって、リラックスして会話を楽しもうという姿勢が大切です。どんな質問をされても、母語で会話をするときと同じように自分の答えやすい形で答え、さらに、自分の話したいことを追加していけば、面接委員との間に自然な会話が進んでいきます。

　質問がよく聞き取れなかったり、質問の意味がよくわからなかったりした場合は、あわてることなく、Je n'ai pas bien compris, vous pouvez répéter, s'il vous plaît ? などと言って、質問を繰り返してもらったり、わかりやすく言いかえてもらったりしましょう。とまどって黙ってしまってはいけません。

　質問に答える際には、問われたことに単語1語だけで答えるのは避けたほうがよいでしょう。OuiかNonだけで答えたり、名詞1語で答えるより、できるだけ主語と述語をそろえた文にして答えましょう。複雑な構文やむずかしい単語を使う必要はありませんから、簡単な構文で自分の言いたいことを落ちついて話していけばよいでしょう。質問されたことから出発して適当なエピソードなども思いつけば、それを話してみることも悪くありません。質問に対する答え自体には正答も誤答もありません。あくまで会話を始めるきっかけにすぎないのです。面接委員は、この質問を出発点にして受験者がどれだけ充実した会話をつづける能力をもっているのかを見きわめようとしています。ゆっくりでいいですからていねいに文を組み立てながら、できるだけ積極的に自分のことを面接委員に伝えることが大切です。

試験時間が終了して退室するときは、Au revoir, bonne journée ! などとあいさつをして退出しましょう。
　面接試験の対策としては、まずはできるだけフランス語を聞く機会をふやすことです。面接委員の質問が聞き取れなくては困りますから。教材のCDなど以外にも、インターネット、衛星放送、映画など、さまざまなメディアを活用し、日常的にフランス語の音声にふれて耳を慣らすように心がけましょう。ラジオなどでよくインタビューが流れていますから、そういった番組を聞いてみることもよいでしょう。年配の人が話すフランス語は比較的聞き取りやすいものです。
　自分でフランス語を話す機会をなるべく作ることも大切です。フランス語のネイティブスピーカーと話す機会がなくても、同じようにフランス語を学ぶ日本語話者どうしでフランス語の会話をしてみるのもよいでしょう。あるいは、いままで出された2次試験の問題をもとに、自分でフランス語の答えを書いてみて、それを何度も発音するといった練習方法もあるでしょう。気に入ったフランス語の文章を暗唱してみるのもよいかもしれません。フランス語を発音することへの心理的抵抗をなくすのが重要です。

学校別受験者数一覧

2015 年度春季　　＜大学・短大別出願状況＞

出願者数合計が 10 名以上の学校を抜粋しました（50 音順）。

	学校名	合計		学校名	合計		学校名	合計
団体	愛知県立大学	17	団体	甲南大学	12	団体	東北学院大学	13
	愛知大学	15		神戸大学	24		東北大学	14
団体	青山学院大学	78	団体	國學院大學	15		東洋大学	50
団体	茨城キリスト教大学	27	団体	国際教養大学	36	団体	獨協大学	103
団体	宇都宮大学	20		国際基督教大学	15	団体	富山大学	29
	愛媛大学	12	団体	駒澤大学	13		長崎外国語大学	41
団体	大分県立芸術文化短期大学	12		首都大学東京	15		名古屋外国語大学	78
団体	大阪教育大学	23		城西国際大学	13		名古屋大学	12
団体	大阪産業大学	11	団体	上智大学	85	団体	奈良女子大学	11
	大阪市立大学	12	団体	昭和女子大学	23	団体	南山大学	36
団体	大阪大学	71	団体	白百合女子大学	84		新潟大学	18
団体	大妻女子大学	19		椙山女学園大学	37		日本女子大学	21
団体	お茶の水女子大学	115	団体	成城大学	64	団体	日本大学	165
団体	学習院大学	64	団体	聖心女子大学	28	団体	広島大学	16
団体	鹿児島大学	11	団体	西南学院大学	78		フェリス女学院大学	22
	神奈川大学	11		専修大学	14	団体	福岡大学	34
団体	金沢大学	31	団体	創価大学	24		福山市立大学	16
団体	関西外国語大学	45		大東文化大学	30	団体	法政大学	104
	関西大学	48	団体	拓殖大学	67	団体	北星学園大学	15
	関西学院大学	122	団体	千葉大学	39		北海道大学	13
団体	神田外語大学	10		中央大学	151		松山大学	16
	九州大学	18		中京大学	22	団体	武庫川女子大学	21
団体	京都外国語大学	97		筑波大学	21		武蔵大学	45
団体	京都産業大学	75		津田塾大学	36	団体	明治学院大学	67
	京都大学	26	団体	帝京大学	23	団体	明治大学	139
団体	共立女子大学	24		東海大学	71		横浜国立大学	13
	金城学院大学	69	団体	東京外国語大学	13	団体	立教大学	111
	熊本大学	10		東京女子大学	11		立命館大学	111
団体	慶應義塾大学	214		東京大学	74		龍谷大学	16
団体	甲南女子大学	17	団体	同志社大学	44		早稲田大学	176

2015 年度春季　　＜小・中・高校・専門学校別出願状況＞

出願者数合計が 5 名以上の学校を抜粋しました（50 音順）。

	学校名	合計		学校名	合計		学校名	合計
団体	埼玉県立伊奈学園総合高等学校	58		慶應義塾湘南藤沢中・高等部	5	団体	同志社国際中学校・高等学校	9
団体	大阪聖母女学院中学校・高等学校	16	団体	神戸海星女子学院中学・高等学校	9		同朋高等学校	10
団体	大妻中野中学校・高等学校	19		兵庫県立国際高等学校	7		大阪市立西高等学校	8
	学習院女子中・高等科	6		岩手県立不来方高等学校	10		日本外国語専門学校	32
	神奈川県立神奈川総合高等学校	14		白百合学園中学校高等学校	84		福島県立福島南高等学校	8
団体	カリタス女子中学高等学校	56	団体	聖ウルスラ学院英智高等学校	81	団体	雙葉中学校・高等学校	7
	神田外語学院	6		聖ドミニコ学園中学校高等学校	29		大阪府立松原高等学校	6
	暁星国際学園小学校	6		聖母被昇天学院中学校・高等学校	30		神奈川県立横浜国際高等学校	36
団体	暁星中学・高等学校	24		東京学芸大学附属国際中等教育学校	5	団体	立命館宇治中学校・高等学校	14
団体	慶應義塾高等学校	6		東京女子学院中学校高等学校	10		早稲田大学高等学院	7

2015年度秋季　　＜大学・短大別出願状況＞

出願者数合計が10名以上の学校を抜粋しました（50音順）。

	学校名	合計		学校名	合計		学校名	合計
団体	愛知県立大学	108	団体	神戸大学	15		東洋大学	57
	愛知大学	17	団体	國學院大學	10	団体	常葉大学	28
団体	青山学院大学	136	団体	国際教養大学	49	団体	獨協大学	98
団体	亜細亜大学	50		国際基督教大学	10	団体	富山大学	29
	跡見学園女子大学	16	団体	駒澤大学	18	団体	長崎外国語大学	27
団体	茨城キリスト教大学	48	団体	静岡県立大学	14	団体	名古屋外国語大学	73
	岩手大学	23		静岡文化芸術大学	10	団体	名古屋造形大学	24
	宇都宮大学	15		首都大学東京	12	団体	奈良大学	21
	大阪教育大学	26	団体	城西大学	15	団体	南山大学	50
	大阪産業大学	10	団体	上智大学	125		新潟大学	29
	大阪市立大学	10	団体	昭和女子大学	16	団体	日本女子大学	43
団体	大阪大学	90	団体	白百合女子大学	132	団体	日本大学	396
団体	大妻女子大学	13	団体	杉野服飾大学	10	団体	一橋大学	13
	岡山大学	14		椙山女学園大学	26		弘前大学	16
	沖縄国際大学	18	団体	成城大学	213		広島修道大学	12
	小樽商科大学	18	団体	聖心女子大学	71	団体	広島大学	13
団体	お茶の水女子大学	78	団体	西南学院大学	91	団体	フェリス女学院大学	40
団体	学習院大学	132		専修大学	23	団体	福岡女子大学	24
団体	金沢大学	43	団体	創価大学	16	団体	福岡大学	70
団体	関西外国語大学	59		大東文化大学	43		福島大学	15
	関西大学	63	団体	拓殖大学	314	団体	文京学院大学	17
	関西学院大学	103	団体	千葉大学	48	団体	法政大学	110
団体	関東学院大学	10	団体	中央大学	189	団体	北星学園大学	22
	九州産業大学	11		中京大学	26		北海道大学	12
	九州大学	23		筑波大学	30		松山大学	27
団体	京都外国語大学	135		津田塾大学	42		宮崎大学	12
団体	京都産業大学	102	団体	帝京大学	22	団体	武庫川女子大学	132
	京都女子大学	30		東海大学	108	団体	武蔵大学	44
	京都大学	23		東京外国語大学	24		武蔵野大学	45
団体	共立女子大学	42		東京学芸大学	10		武蔵野美術大学	32
	近畿大学	19		東京家政大学	23	団体	明治学院大学	87
団体	金城大学	72		東京大学	64	団体	明治大学	192
	熊本大学	16		東京理科大学	23		横浜国立大学	11
	群馬大学	20		同志社女子大学	19	団体	立教大学	152
団体	慶應義塾大学	384	団体	同志社大学	49	団体	立命館大学	115
	工学院大学	31	団体	東北学院大学	24	団体	龍谷大学	18
団体	甲南女子大学	15		東北大学	11	団体	早稲田大学	409
団体	甲南大学	19	団体	東洋英和女学院大学	19			

2015年度秋季　＜小・中・高校・専門学校別出願状況＞

出願者数合計が5名以上の学校を抜粋しました（50音順）。

	学校名	合計		学校名	合計		学校名	合計
団体	埼玉県立伊奈学園総合高等学校	37	団体	暁星中学・高等学校	21	団体	聖母被昇天学院中学校・高等学校	41
団体	大阪聖母女学院中学校・高等学校	12	団体	慶應義塾高等学校	11		東京学芸大学附属国際中等教育学校	6
団体	大妻中野中学校・高等学校	51		慶應義塾女子高等学校	5	団体	東京女学院中学校高等学校	25
	小林聖心女子学院高等学校	9		神戸海星女子学院中学・高等学校	46	団体	同志社国際中学校・高等学校	13
	学習院女子中・高等科	10		兵庫県立国際高等学校	8		日本外国語専門学校	23
団体	神奈川県立神奈川総合高等学校	22	団体	岩手県立不来方高等学校	11		日本女子大学附属中学校・高等学校	6
団体	カリタス小学校	50		白百合学園中学高等学校	137	団体	雙葉中学校・高等学校	24
団体	カリタス女子中学高等学校	64	団体	大阪府立住吉高等学校	9		明治大学付属中野八王子中学校・高等学校	5
	神田外語学院	12	団体	聖ウルスラ学院英智高等学校	67	団体	神奈川県立横浜国際高等学校	29
	暁星国際学園小学校	10		成城学園中学校高等学校	5			
	暁星国際中学・高等学校	5	団体	聖ドミニコ学園中学高等学校	45			

文部科学省後援
実用フランス語技能検定試験
2016年度版2級仏検公式ガイドブック
傾向と対策＋実施問題
（CD付）
定価（本体 2,500 円＋税）

2016 年 4 月 1 日 発行

編　者
発 行 者　　公益財団法人　フランス語教育振興協会

発行所　　公益財団法人　フランス語教育振興協会
〒102-0073 東京都千代田区九段北 1-8-1 九段101ビル 6F
電話 (03) 3230-1603　FAX (03) 3239-3157
http://www.apefdapf.org

発売所　　（株）駿河台出版社
〒101-0062 東京都千代田区神田駿河台 3-7
振替口座 00190-3-56669番
電話 (03) 3291-1676（代）　FAX (03) 3291-1675
http://www.e-surugadai.com
ISBN978-4-411-90265-8　C0085　¥2500E

落丁・乱丁・不良本はお取り替えいたします。
当協会に直接お申し出ください。
（許可なしにアイデアを使用し、または転載、
複製することを禁じます）
©公益財団法人　フランス語教育振興協会
Printed in Japan

1er
dim. 19 juin

2ème
dim. 17 juillet

2016

DIPLÔME D'APTITUDE
PRATIQUE AU FRANÇAIS

実用フランス語技能検定試験

春季	1次試験	6月19日(日)	申込開始	4月1日(金)
	2次試験	7月17日(日)	締切 郵送	5月18日(水)＊消印有効
			インターネット	5月25日(水)
秋季	1次試験	11月20日(日)	申込開始	9月1日(木)
	2次試験	2017年 1月22日(日)	締切 郵送	10月19日(水)＊消印有効
			インターネット	10月26日(水)

APEF

公益財団法人 フランス語教育振興協会 仏検事務局
TEL:03-3230-1603 E-mail:dapf@apefdapf.org
〒102-0073 東京都千代田区九段北1-8-1 九段101ビル

www.apefdapf.org